U0582834

国家自然科学基金青年项目"港口地缘位置对国际贸易的影响及机制：基于海运网络的研究"（项目编号：72003103）

企业学习网络对出口绩效的影响及机制研究

孙天阳◎著

经济管理出版社
ECONOMY & MANAGEMENT PUBLISHING HOUSE

图书在版编目（CIP）数据

企业学习网络对出口绩效的影响及机制研究/孙天阳著 .—北京：经济管理出版社，2022.8

ISBN 978-7-5096-8684-3

Ⅰ.①企… Ⅱ.①孙… Ⅲ.①企业经济—研究—中国 Ⅳ.①F279.24

中国版本图书馆 CIP 数据核字（2022）第 156599 号

组稿编辑：谢　妙
责任编辑：谢　妙
责任印制：黄章平
责任校对：张晓燕

出版发行：经济管理出版社
　　　　　（北京市海淀区北蜂窝 8 号中雅大厦 A 座 11 层　100038）
网　　址：www. E-mp. com. cn
电　　话：（010）51915602
印　　刷：唐山玺诚印务有限公司
经　　销：新华书店
开　　本：720mm×1000mm/16
印　　张：11. 75
字　　数：191 千字
版　　次：2022 年 10 月第 1 版　　2022 年 10 月第 1 次印刷
书　　号：ISBN 978-7-5096-8684-3
定　　价：58. 00 元

· 版权所有　翻印必究 ·

凡购本社图书，如有印装错误，由本社发行部负责调换。

联系地址：北京市海淀区北蜂窝 8 号中雅大厦 11 层

电话：（010）68022974　　邮编：100038

前　　言

协同和共享已成为未来人类经济社会发展的趋势，企业深刻嵌入于错综复杂的网状结构中，社群关系成为企业的异质性资源，并对企业的研发、生产和销售等环节造成深远的影响。企业为了提升在国际市场中的影响力，必须保持开放的学习态度，从学习网络中充分汲取知识和技术。因此，笔者认为有必要将新兴发展起来的网络科学和传统的异质性企业理论相结合，重新解读企业学习网络拓扑结构的特征及其对企业出口绩效的影响。

有鉴于此，本书在系统地对相关文献进行梳理的基础上，遵循"问题凝练—事实描述—理论分析—实证检验—政策建议"的研究思路，同时采用模型构建和实证估计方法，分别对企业间正式和非正式学习网络进行了界定，具体构建了协同创新网络和出口关联网络两种企业学习网络，分析了企业学习网络的格局演化，并结合企业在协同创新过程中和出口市场的互动博弈，全面解释了企业的研发协作和出口竞争如何矛盾统一地影响企业出口绩效这一问题，同时从具有出口关联企业地理集聚的视角，深入研究了企业间出口关联网络对出口扩展边际和出口国内增加值的影响，探索如何通过发挥企业间"1+1>2"的协同效应来提升企业出口绩效。本书主要回答了以下问题：如何在统一的网络科学框架下对协同创新网络和出口关联网络进行数理构建和格局分析？中国协同创新网络和出口关联网络的基本结构及演化趋势如何，具有怎样的区域分布？企业、科研院所和大学等研发主体在中国科研体系中处于何种地位，对整个学习网络发挥了怎样的功能和作用？企业间协同创新网络和出口关联网络影响企业出口绩效的机制是什么，其如何与传统国际贸易理论框架进行对接？企业间协同创新网络和出口关联网络如何影响企业出口绩效，对不同类型企业的影响是否存在异质性？企业学习网络影响出口绩效的传导渠道是什么？

首先，本书以网络科学范式界定了企业正式和非正式学习网络，在此基础上利用中国专利数据库中的联合申请专利数据，构建了1999~2007年企业、大学、科研院所等创新主体之间的正式学习网络，即协同创新网络，并通过密度、平均集聚系数、节点中心性等网络指标分析了协同创新网络的整体格局和微观结构。同时，本书还借鉴产品空间理论，采用不可知论的思路，基于企业实际出口产品和目的地数据，构建了出口企业间非正式学习网络，即出口关联网络，并分析了出口关联网络的区域分布特征。研究发现，中国专利申请和协同创新的数量在整体上是逐年增加的，而且增速不断加快，但受国际金融危机的影响，2007年协同创新数量略有下降，中国各省份之间、中国各省份与各国之间，以及各国之间的协同创新联系都越发紧密，中国协同创新较密集的城市集中在京津地区、长江三角洲地区和珠江三角洲地区。虽然发达国家具有明显的技术研发优势，在整个协同创新网络中发挥了较强的控制力和影响力，但协同创新网络逐渐由"一枝独秀"向"百花齐放"的格局转变，中国在协同创新网络中的地位日益凸显，但产品关联和市场邻近水平较高的城市仍主要集中在东部沿海地区。

其次，本书考虑了企业异质性和出口市场上企业的数量和价格竞争，从理论上阐明了企业间形成广泛而非排他的协同创新关联的内在机制和其对企业出口表现的影响，实证检验了企业在协同创新网络中的地位对其出口额和价格加成的影响，进一步探索了"研企"和"企企"两种创新模式影响的差异，以及对不同类型企业出口绩效影响的差异，并构建了调节效应模型分析协同创新对出口和非出口企业价格加成影响的差异。研究发现，协同创新的企业拥有更好的出口绩效，独自创新和协同创新都提升了企业出口表现，在协同创新网络中处于核心地位的企业占有更大的市场份额，"研企"模式对企业出口绩效促进作用略低于"企企"模式，企业独自创新促进了出口国内增加值率的提高，但协同创新对出口国内增加值率提高的影响并不显著，对于联通片区内的企业、高生产率企业和非外资企业，协同创新对出口额的促进作用更强。此外，企业协同创新关联越多，其价格加成越高。出口能够增强协同创新和独自创新对企业价格加成的提升作用，相较而言，协同创新对中西部地区企业、非外资企业和低竞争行业企业的价格加成具有更强的促进作用。

　　最后，本书测算了中国企业的出口扩展边际和出口国内增加值率，实证检验了产品关联、市场邻近对企业出口扩展边际和企业出口国内增加值率的影响，进一步探讨了产品关联和市场邻近对企业出口影响的群体性差异，以及"以己为鉴"和"以邻为鉴"两种效应对企业出口扩展边际的影响，并对可能存在的中介效应进行了检验。研究发现，企业在扩展出口范围的过程中存在一定的路径依赖，与当地其他企业的产品关联和市场邻近有助于提升其出口扩展边际的表现，但企业与自身的产品关联和市场邻近表现为替代效应。产品关联和市场邻近对企业出口扩展边际的促进作用存在群体差异，这取决于出口扩展边际类型、产品技术密集度、企业所在地区以及贸易类型特点。此外，产品关联对企业出口国内增加值的影响取决于企业的贸易类型，对一般贸易企业具有显著的促进作用，但对加工和混合贸易企业反而具有抑制作用，市场邻近对不同贸易类型企业的出口国内增加值率均有显著的促进作用，产品关联和市场邻近对不同地区、不同行业技术水平、不同生产率水平企业出口国内增加值率的影响存在区别。

目　　录

第一章 绪 论

第一节 研究背景及意义

一、研究背景

协同和共享已成为未来人类经济社会发展的趋势（里夫金，2014）。党的十八届五中全会提出的"创新、协调、绿色、开放、共享"的新发展理念强调了协同和共享对中国经济发展的重要意义。党的十八大也明确提出"要坚持走中国特色自主创新道路，以全球视野谋划和推动创新，提高原始创新、集成创新和引进消化吸收再创新能力，更加注重协同创新"。党的十九大报告要求"突破利益固化的藩篱，吸收人类文明有益成果"。一方面，随着全球价值链分工迅速由"产业内"向"产品内"深化，生产过程的组织和管理被分割为不同的"任务和活动"，技术的复杂性意味着任何一家企业可以在某些领域处于前沿地位，但不会在所有方面都领先（戈伊尔，2010）。进入 21 世纪，全球科技发展日新月异，为了不被新的科技浪潮所淘汰，从企业层面到国家层面都必须保持开放的学习态度，通过突破创新主体间的壁垒，充分释放彼此间信息、技术、资本、人才等创新要素的活力，从而实现深度合作。另一方面，以互联网为代表的各种通信载体快速发展，极大减少了地理距离、语言、文化等传统成本因素的阻碍作用，促进了信息和技术在创新主体之间的流通和交换。企业不仅嵌入于物理意义的地理单元，更嵌入于社会意义的企业社群，社群成为企业的异质性资源，并可能对企业的研发、生产和销售等环节产生深远的影响，跨界协作成为企业研发的新常态（罗珉和李亮宇，2015）。然而，企业间的关联呈现了相互交织、错综复杂的网状特征，使传统的线性分析框架无法从全局的高度刻画企业在社群中的地位，亦不能准确估计企业间的学习和协作效应对其经济行为产生的影响。

与此同时，网络科学由于能够深入刻画复杂系统的本质，被广泛应用于自然和社会科学界的研究。2008 年，金融危机在全球范围内扩散使学术界深刻认识到全球经济是一个紧密联系的网络，局部震荡能够通过网络连接迅速扩散至整个系统，面对全球金融危机这样大范围的系统性冲击，各国进出口贸易都出现了严重萎缩，任何一国在此过程中都不可能独善其身。Schweitzer 等（2009）认为经济系统复杂网络结构的重要影响，进一步促进了学术界对网络分析方法的重视。在国际贸易研究领域，学者对网络的刻画逐渐由抽象的、线性的模式向具体的、多维的模式转变，Chaney（2014）借鉴了社会网络的思想，认为企业出口过程中并非随机关联，而是基于现有的贸易网络有倾向的建立出口关联，并且越来越多的学者也开始利用网络分析范式探索各国间经贸联系的拓扑特征。

结合中国的实情来看，改革开放特别是加入世界贸易组织（WTO）后，中国的出口规模急剧扩张，2016 年的货物贸易出口总额已达 13.84 万亿元，与此相伴的是出口企业间建立了密不可分的关系网络，通过地理距离、社会关系、文化风俗等方面的邻近，企业间的技术和经验外溢发挥了"1+1>2"的协同效应，新的出口关系如同新掀起的海浪涌向前方，而行业协会、出口商会等民间机构也如雨后春笋般兴起，与商务厅、贸促会等官方机构共同为出口企业搭建了沟通交流和相互学习的平台，提升了中国企业在国际市场上的表现。同时，为了应对国际市场的挑战，中国企业越来越注重通过协同创新形成优势资源互补。例如，2017年中国铁建重工集团、中铁十六局联合研发的盾构机销往俄罗斯，标志着中国高端地铁隧道施工装备首次出口欧洲，中国企业通过协同创新迈入了国际市场。此外，中国知识产权保护制度也日益完善，党的十九大报告指出"倡导创新文化，强化知识产权创造、保护、运用"，这进一步为企业间建立学习和研发网络提供了制度保障。因此，笔者认为了解我国企业学习网络的格局和演化，明确企业学习网络对出口绩效的影响和内在机制，识别企业间学习网络给中国经贸事业发展带来的机遇和挑战，并寻求如何利用企业间的学习效应提升出口绩效表现，对中国对外贸易结构的优化和企业出口贸易的转型升级具有重要意义。

二、研究意义

本节结合新新贸易理论和社会网络研究，就企业学习网络如何影响企业出口绩效及其内在机制展开系统分析，其理论创新意义和实际应用价值主要表现为：

第一，在理论层面上，本书将传统国际贸易中的社会网络研究纳入网络科学研究之中，利用标准的网络分析范式，刻画了国际贸易中的社会网络结构，将企业间基于正式合约和非正式社会关系的学习网络统一在网络科学的分析框架之下，改进了传统国际贸易研究缺乏分析主体间交互作用的不足，并从概念上厘清了企业间正式（非正式）学习网络、国际贸易中的社会网络和国际贸易拓扑网络之间的联系和区别。而且，本书结合网络科学和新新贸易理论，将企业网络关系作为异质性资源纳入理论分析，并将 Goyal 和 Joshi（2003）对企业合作研发的分析框架拓展到异质性企业向国际市场出口的情形中，这可以为社会网络和国际贸易学科交叉结合提供理论依据。此外，本书还结合了产品空间理论，打通了从宏观贸易网络到微观企业学习网络的理论机制，从而为今后研究社会网络关系对企业出口的影响提供了新的思路。

第二，在实际应用层面上，本书分析了中国协同创新网络的整体格局和微观结构，利用权度中心性、中介中心性和特征向量中心性从不同角度考察了企业、科研院所和大学等研发主体在我国科研创新体系中的角色和地位，可以为我国协同创新战略的实施提供依据；同时分析了中国企业出口关联网络的区域分布差异和演化趋势，能够为促进出口企业间经验分享和技术学习提供政策参考。更为重要的是，本书将企业间学习网络作为出口绩效的影响因素纳入计量回归模型，剖析了企业在协同创新网络和出口关联网络中的地位对企业价格加成、出口边际、出口国内增加值等绩效表现的影响，尝试从企业间学习网络的角度解释企业在国际市场上表现的差异，并分析了企业间学习网络对不同类型企业的影响差异，以期为中国对外贸易结构的优化和企业出口贸易的转型升级提供有益借鉴。

第二节 研究思路、内容框架及研究方法

一、研究思路

本书旨在探讨企业学习网络对企业出口绩效的影响，结合当前跨界合作研发的日益频繁、企业对社会网络嵌入的不断加深等现象，重点解决以下问题：如何在规范网络科学框架下对协同创新网络和出口关联网络进行数理构建和格局分析？中国协同创新网络和出口关联网络的基本结构及演化趋势如何，具有怎样的区域分布？企业、科研院所和大学等研发主体在中国科研体系中处于何种地位，对整个学习网络发挥了怎样的作用？企业间协同创新网络和出口关联网络影响企业出口绩效的机制是什么，如何与传统国际贸易理论框架进行对接？企业间协同创新网络和出口关联网络如何影响企业出口绩效，对不同类型企业的影响是否存在异质性？企业学习网络影响企业出口绩效的传导渠道是什么？

基于以上问题，本书在系统梳理相关文献的基础上，首先，基于标准的网络分析范式，对协同创新网络和出口关联网络两种企业间学习网络进行了界定，利用专利联合申请数据和企业出口产品—市场关联数据，具体构建了协同创新网络和出口关联网络，并对两种企业学习网络的格局分布和演化趋势进行了分析。其次，结合企业在协同创新过程中和出口市场中的互动博弈，解释了企业间的研发合作和出口竞争如何矛盾统一地影响出口绩效表现这一问题。再次，基于社群日益成为企业的异质性资源这一现实，本书结合新新贸易理论和经济地理学，从具有出口关联企业地理集聚的视角，深入探讨了企业间出口关联网络对出口扩展边际和出口国内增加值的影响。最后，本书严格遵循"问题凝练—事实描述—理论分析—实证检验—政策建议"的研究思路，采用模型构建和实证估计方法，从正式合作研发和非正式经验溢出两个角度，综合检验了企业学习网络对企业出口金额、价格加成、扩展边际和出口国内增加值等出口绩效的影响，探索如何通过发挥企业间"1+1>2"的协同效应来提升企业的出口表现，图1-1展示了本书的研究思路。

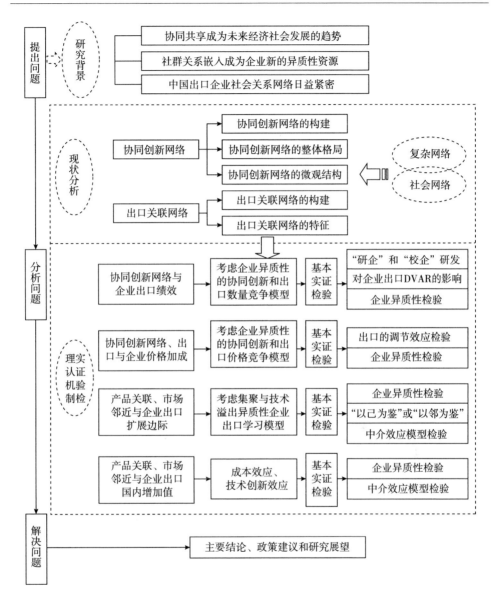

图 1-1 本书的研究思路

二、研究内容

全书共八章，具体安排如下：

第一章绪论，笔者主要介绍了本书的研究背景及意义，详细说明了本书的研究思路、内容框架和研究方法，并提出了本书的创新之处。

第二章文献综述，通过对现有文献资料的广泛搜集和阅读，笔者从复杂网络和国际贸易网络研究、企业学习网络研究、企业出口绩效衡量，以及学习网络对企业出口绩效影响四个方面详细总结了与企业学习网络和企业出口绩效相关的文献，并在充分借鉴的基础上，从研究视角、研究对象、影响机制等方面比较分析了现有研究的不足，据此提出研究评述。

第三章企业学习网络的构建及结构特征，重点解决"如何在规范网络科学分析框架下构建协同创新网络和出口关联网络？中国协同创新网络和企业出口关联网络具有怎样的格局特征？"等问题。为了做出回答，笔者首先以标准的网络科学范式界定了企业正式和非正式学习网络，在此基础上利用中国专利数据库中的联合申请专利数据，构建了企业、大学、科研院所等创新主体之间形成的正式学习网络，并通过密度、平均集聚系数、节点中心性等网络指标分析了协同创新网络的整体格局和微观结构。同时，笔者还借鉴产品空间理论，采用不可知论的思路，基于企业实际出口产品和目的地数据，构建了企业间非正式的出口关联网络，并分析了出口关联网络的区域分布特征。

第四章协同创新网络与企业出口绩效，重点解决"中国协同创新网络的格局如何分布？企业在协同创新网络中的地位是否影响了其出口绩效？协同创新网络对异质性企业出口绩效的影响是否存在差异？"等问题。为此，笔者考虑了企业异质性和企业在出口市场上的竞争，从理论上阐明了企业间形成广泛而非排他的协同创新关联的内在机制，基于联合申请专利数据构建了1999~2007年中国协同创新网络，分析了协同创新网络的拓扑特征，实证检验了企业在协同创新网络中的地位对其出口"绩"和"效"的影响，并进一步检验了"研企"和"企企"两种创新模式以及对不同类型企业出口绩效影响的差异。

第五章协同创新网络、出口与企业价格加成，重点解决"企业在协同创新网络中的地位是否影响了其价格加成？协同创新网络对出口和非出口企业价格加成的影响是否存在差异？"等问题。为此，笔者构建了企业间价格竞争模型，分析了企业之间协同创新对价格加成的影响及出口的作用。并在此基础上，利用1999~2007年中国专利申请数据库构建了企业与科研机构之间的协同创新网络，测算了企业微观层面的价格加成，基于中国专利申请数据库和中国工业企业数据库的匹配数据实证检验了协同创新对企业价格加成的影响，并构建了调节效应模型分析协同创新对出口企业和非出口企业价格加成影响的差异。

第六章产品关联、市场邻近与企业出口扩展边际，重点解决"企业选择新出口产品和市场的机制是什么？为何区域间出口产品和市场拓展的表现存在差异？出口产品和市场的拓展是否存在路径依赖？"等问题。为此，笔者基于2000~2006年中国工业企业数据库、海关贸易数据库和CEPII-BACI数据库测算了中国企业新增出口关系与企业所在城市其他企业的出口产品关联和市场邻近，实证检验了产品关联、市场邻近对企业出口扩展边际的影响，进一步探讨了产品关联和市场邻近对企业出口扩展边际影响的群体性差异，以及"以己为鉴"和"以邻为鉴"两种效应对企业出口扩展边际的影响，并对可能存在的中介效应进行了检验。

第七章产品关联、市场邻近与企业出口国内增加值，重点解决"企业出口结构与当地要素禀赋的匹配程度是否影响企业的出口增加值？是否嵌入程度高的企业具有更高的出口国内增加值？"等问题。为此，笔者基于2000~2010年的CEPII-BACI数据库、中国工业企业数据库和海关贸易数据库，测算了企业与当地其他企业的出口产品关联和市场邻近，计算了企业出口的国内增加值率，实证分析了产品关联和市场邻近对企业出口国内增加值率的影响，围绕企业贸易类型、技术水平、所在地区等异质性检验了产品关联和市场邻近对企业出口国内增加值率影响的差异，并利用中介效应模型检验了可能存在的传导渠道。

第八章研究结论与政策启示，是对本书主要研究结论的总结，并基于研究结论给出相应的政策建议。

三、研究方法

本书主要运用了如下研究方法：

一是复杂网络分析方法与社会网络研究理念的结合。本书将传统国际贸易研究中的社会网络、学习网络统一在规范的网络科学框架之下，基于网络分析方法对协同创新网络和出口关联网络进行数理构建，并利用密度、平均集聚系数、同配性等网络整体指标分析了协同创新网络的整体格局和微观结构，以及利用权度中心性、中介中心性和特征向量中心性三种节点中心性指标反映创新主体在协同创新网络中的地位，并结合社会网络研究理念给出学习网络结构特征的经济意义解释，从而分析企业学习网络的演化规律、内在动力和企业在学习网络中的角色及地位。

二是大数据处理与可视化分析相结合。本书实证研究采用了微观层面的大数据，其中，企业层面生产数据来自中国工业企业数据库，数据总量为百万级；交易层面的贸易数据来自中国海关进出口数据库，数据总量为千万级；企业、科研单位、大学的研发数据来自中国专利数据库，数据总量为百万级。为了有效利用庞杂的数据，本书遵循"数据预处理—数据可视化—数据挖掘—数据分析"的研究思路，借助网络数据可视化技术描述和探索协同创新网络、企业出口关联网络的整体格局和微观结构，并直观展现了企业学习网络在不同时间点的演化，从而可以挖掘一般描述性统计难以捕捉的结构特征，进而揭示企业学习网络演化的基本模式和内在规律。

三是理论分析与实证检验相结合。本书结合社会网络理论与新新贸易理论，将学习网络作为企业异质性资源纳入理论模型，分析企业间学习网络影响出口绩效的内在机制，并在此基础上，利用较为前沿的方法测算了新新贸易理论研究所重点关注的企业出口强度、企业价格加成、企业出口边际和企业出口国内增加值等出口绩效指标，实证检验了本书提出的理论假设，并综合利用 Heckman 两步法、Tobit 估计、PPML 估计、改变核心变量测算等方法来减少或避免实证估计中可能出现的偏误。此外，本书分样本讨论了企业学习网络对不同类型企业出口绩效影响的异质性，并构建中介效应模型检验了理论分析所提出的传导渠道。

第三节　创新之处

本书的创新主要体现在以下五个方面：

一是本书可能是目前构建的规模最大、范围最广的企业学习网络。从企业间正式研发合约和非正式社会关系两方面出发，综合界定了协同创新网络和出口关联网络两种企业间学习网络。一方面，基于 1999～2007 年覆盖了所有行业 3114809 个联合申请专利的大样本数据，利用 R 软件的 igraph 和 tnet 程序包对庞杂的专利数据进行了预处理并构建网络，得到的协同创新网络更为科学客观，能为学术界认识中国协同创新格局提供更为广泛和普遍的经验；另一方面，借鉴不可知论的思路，即不考虑中间过程以实际结果为导向，基于企业出口产品和市场关联构建出口企业社会关系网络，相比现有文献利用语言、民族、文化、宗教等出口企业间某些共同特点所构建的社会关系网络而言，能更全面有效地反映出口企业间关联。

二是拓展了 Goyal 和 Joshi（2003）的研究框架，分析了企业联合研发行为对企业出口绩效影响的内在机制。本书引入了企业异质性和出口市场上企业的数量竞争，从理论上阐明了企业间形成广泛而非排他的协同创新关联的内在机制，探讨企业在协同创新网络中的地位对其出口绩效的影响，以及企业生产率异质性在此过程中发挥的作用。此外，本书还构建了异质性企业间价格竞争模型，分析了企业之间协同创新对价格加成的影响，以及企业出口在此过程中发挥的调节作用。

三是结合社会网络分析方法检验了企业学习网络对企业出口绩效的影响。虽然，现有文献也关注了国际贸易网络对企业出口行为的影响，但大多采用抽象的哑变量表示企业间社会关联。然而，在经济全球化背景下，企业、大学和科研院所之间的关系相互交织、错综复杂，使传统的线性分析方法不能有效反映企业间的学习网络。本书利用社会网络方法能够从全局视角识别协同创新网络的整体特征，并分别从权度中心性、中介中心性和特征向量中心性三个角度考察网络主体的角色地位并将其纳入计量模型，深入探索企业在学习网络中的角色及地位对其出口绩效的影响。

四是改进了现有研究中企业仅能从相同出口产品和市场获取出口知识的假设。中国作为一个出口范围快速拓展的发展中大国，众多新增出口产品和市场都没有以往的相同经验可以借鉴，因此有必要从产品关联和市场邻近的视角解释企业的出口产品—市场扩张和出口国内增加值的差异，本书填补了这方面研究的不足，率先将产品空间理论应用于微观层面企业出口扩展边际研究，从而在微观机制上解释了不同区域企业出口扩展边际和国内增加值表现的差异。此外，本书还比较了企业自我学习和向邻近企业学习对出口扩展边际影响的差异，并讨论了可能存在的促进效应或抑制效应。

五是从多个角度考察企业的出口表现。本书综合利用企业出口强度、企业价格加成、企业出口扩展边际和企业出口国内增加值等多种指标反映企业出口绩效。此外，企业扩展出口范围的模式存在差异，如仅扩展出口产品或市场，同时扩展出口产品和市场，或将现有出口产品和市场重新组合等情况下，企业所面临的风险和成本都有很大不同，现有对新增出口关系的研究没有同时考虑出口产品和出口市场的多种组合（钱学锋等，2013；Chaney，2014），而现实中企业出口决策往往需要兼顾产品和市场两方面的因素，本书综合出口产品和市场，细致区分了五种出口扩展边际类型，甄别了产品关联和市场邻近对不同类型出口扩展边际影响的差异。

第二章　文献综述

随着经济全球化进程不断加快，国家与国家、产业与产业、企业与企业等不同层面经济主体间的联系日益错综复杂，逐渐将彼此分割的区域市场联合成全球范围内的分工网络。本章结合国内外学者的相关成果，从四个角度总结陈述相关文献的基本脉络：一是复杂网络和国际贸易网络相关研究探究，并就二者之间的区别与联系进行分析；二是企业学习网络相关研究，分别梳理了基于正式合约安排协作研发和基于非正式社会关系的学习网络的相关文献；三是衡量企业出口绩效的相关研究，概述了现有文献对企业出口绩效的衡量方法；四是学习网络影响出口绩效的相关研究，分别从出口关联、以邻为鉴和地理集聚三个方面对现有文献进行了归纳总结。在此基础上，本章对现有文献做出了述评。

第一节　复杂网络和国际贸易网络的研究概述

复杂网络和社会网络目前都被归为网络科学（Network Science）的范畴，但二者在内涵上差异明显：复杂网络的特点是更具有自然实证主义的物理学内涵，具有网络模型规模大、数据多，对计算机技术和仿真具有较高的依赖性等特点；社会网络更偏向于人文主义的社会学内涵，具有强调对网络寻求其社会意义的理解和阐释的特点（杨建梅，2010）。近年来，越来越多的学者将网络分析方法引入国际贸易研究，分析国际贸易网络的格局演化。鉴于此，本节将从复杂网络和国际贸易网络两个方面对相关文献进行梳理。

一、复杂网络的相关研究进展

复杂网络是一种系统地描述自然科学和社会科学工程技术上相互关联的系统分析方法。在严格意义上，具有吸引子、小世界、自组织、自相似、无标度中部分或全部性质的网络被称为复杂网络。原则上讲，任何包含大量组成单元（或子系统）的复杂系统（如全球贸易），当我们把构成单元抽象成节点，单元之间的相互作用抽象为边时，都可以当作复杂网络来研究。具体来看，目前对复杂网络的研究可以归纳为复杂网络模型构建和对现实网络结构的识别两方面的内容。

一类文献关注复杂网络模型的构建，即通过构建抽象的网络模型来理解实际网络的性质及其产生机理。复杂网络的相关研究，最早可追溯到 Erdos 和 Rényi（1959）提出的"随机图网络理论"，后来学者推广了这一理论提出"广义随机图"，如配置模型（Molloy and Reed，1995；Newman et al.，2001）。随机图理论曾长期被公认为"正确认识真实网络的基础理论"（郭世泽和路哲明，2012），直到"WS 小世界网络"和"无标度网络模型"被认为反映了现实中更为普适的结构性规律。Watts 和 Strogatz（1998）提出了著名的"WS 小世界网络模型"，研究发现只要在规则网络中引入少许的随机性就可以产生具有"小世界"特征的网络模型，"小世界"特征是指网络的规模虽然很大，但网络中节点的距离却很短。之后，Kleinberg（2000）在此基础上进一步提出了 Kleinberg 模型，指出网络过于随机或过于规则都不利于网络上的搜索，其间存在最优的网络结构。Barabási 和 Albert（1999）提出"无标度网络模型"，其研究发现网络规模随时间不断扩大，并且新的节点更倾向于与那些具有较高连接的 hub 节点相连接，即网络中存在"富者更富"的现象，如新发表的文章更倾向于引用一些已经被广泛引用的重要文献。之后，学者对"无标度网络模型"进行了拓展，如考虑到节点竞争能力差异的适应度模型（Bianconi and Barabási，2001）、局域世界演化模型（Li et al.，2003）等。还有一些文献通过构建模型模拟了网络节点间的互动，即网络动力学相关研究，如关于网络传播的 SI、SIS 和 SIR 等模型（Zhou and Liu，2003；Riley，2007），关于网络上演化博弈的理论研究（Martin，1992；Christoph，2004；Wang，2006），关于网络同步与控制的理论研究（Wang and

Chen，2002；Barahona and Pecora，2002；Sanchez et al.，2017）。

另一类文献侧重对现实网络的拓扑结构进行识别。一些学者基于现实世界对网络经典理论进行验证，其中大量学者的研究验证了"小世界"现象普遍在社交网络、互联网络、交通网络等现实世界网络中存在（Watts，1999；Newman，2000；Sen et al.，2003；Ugander，2011；Backstorm，2012），同时很多文献也指出现实世界的大部分网络服从幂律分布，如万维网络、电影演员网络、电力网络等实际网络（Barabási and Albert，1999；Michalis et al.，1999；Jeong et al.，2000；Dorogovtsev et al.，2000）。Schweitzer 等（2009）、Garas 等（2010）对局部动荡在经济和金融网络中的扩散现象进行研究，结果表明随着全球化进程的不断加快，各国之间的联系也越发紧密，局部的变动可能在整个网络中更快速的蔓延。Gagnon 和 Goyal（2017）研究了社会网络和市场之间处于替代还是互补关系，以及其对福利分配不平等的影响。

二、国际贸易网络的相关研究进展

事实上，国际贸易网络相关研究由来已久，起初 Rauch（1999）认为国际贸易中买卖双方相互匹配需要面临信息搜寻成本，买卖双方的相互关系（如是否相同民族、是否相同宗教、是否相同文化习俗等）使社会网络交易方式替代了市场交易方式，从而降低了贸易的成本和风险。之后，大量研究关注了移民关系网络对国际贸易的影响，如 Rauch（2001）、Rauch 和 Trindocle（2002）、Wagner 等（2002）、Combes 等（2005）、杨汝岱和李艳（2016）等。尽管，上述文献涉及或关注了国际贸易网络，但其仅将民族、宗教、文化、移民等社会关系抽象为计量估计检验中的哑变量，没有基于网络分析方法考察网络的具体结构特征，本质上并非网络科学意义上的"国际贸易网络"。

真正开始利用社会网络方法分析国际贸易结构特征的研究是 Snyder 和 Kick（1979）、Smith 和 White（1992），他们认为国际贸易网络中存在"核心—半核心—边缘"的结构。之后，国内外学者对国际贸易网络的结构特征和演化趋势进行了大量探索，如 Wilhite（2001）的研究显示各国组成的世界贸易网络具有典型的"小世界"特征。Serran 和 Bogvna（2003）、Li 等（2003）的研究表明世界贸易网络具有无标度网络的特征。Garlaschelli 和 Loffredo（2004）、Fagiolo 等

（2008）的研究指出世界贸易网络的点度负相关，网络为非同类混合网络，即点度数大的国家倾向于与点度数小的国家进行贸易。Nicholas 等（2013）指出国际贸易网络对随机性的"误差"具有较好的抵抗力，而对特定的冲击却表现得较为脆弱。刘宝全等（2007）、段文奇等（2008）对国际贸易网络的拓扑特征演化进行了分析。陈银飞（2011）根据 2000~2009 年的国际贸易数据，采用社会网络分析方法研究了 2000~2009 年世界贸易格局及其在次贷危机前后的变化。许和连和孙天阳（2015）、许和连等（2015）分别分析了 TPP 和"一带一路"区域内国际贸易网络的演化趋势和中国在其中的角色和地位。

第二节　企业学习网络的研究概述

企业间本质上的关系是市场竞争，因而企业一般会设法阻止竞争对手模仿和学习自身所积累的经验和技术，大多数情况下企业间的学习是非正式、非协作、外溢性质的（Deroian and Gannon，2005），但某些情况下企业为了获取关键技术，或降低研发风险和成本，会选择与其他企业建立正式的联合研发合约（戈伊尔，2010）。此外，与一些国际贸易网络相关研究观点类似，企业也能通过民族、宗教、文化、移民等社会关系获取其他企业的经验和技术，因此，企业学习网络与国际贸易网络的相关文献存在一定联系和重叠。鉴于此，本节将从企业正式学习网络和非正式学习网络两个方面对相关文献进行梳理，对涉及国际贸易网络的相关文献将不再提及。

一、企业正式学习网络的相关研究进展

国外学者的相关研究较早，如 Baker 等（2008）利用 1973~2001 年公开的 12341 份医药和生物技术企业合同信息构建了协同创新网络，并就协同创新中溢出效应和事后合同问题构建了模型。Westbrock（2010）将合作网络结构与研发的根本特点相结合构建相关模型，提出研发成果的不可分割性是协同创新网络形成的动因。König 等（2012）对合作研发网络的效率和稳定性进行了研究。Goyal

等（2008）提出混合研发网络模型，认为企业独自研发核心业务，而与其他企业合作研发非核心业务。König 等（2019）构建了一个企业通过与其他企业建立研发联盟降低生产成本的模型，并通过研发数据和公司年报对他们的结论进行了检验。Tomasello 等（2014）研究了协同创新网络形成的内部和外部机制。Tomasello 等（2017）基于 1986~2009 年制造业部门的联合研发数据，分析了联合研发网络的稳定性，以及协同创新从兴起到衰弱的演化过程。

目前，国内外学者通常利用企业间联合申请专利或企业间协作研发合同来刻画企业间基于正式合约的学习行为，并以此构建企业学习网络。对于企业学习网络的格局，部分国内学者利用社会网络方法分析了特定行业联合申请专利网络的拓扑特征，如刘凤朝和马荣康（2011）基于制药技术领域的研究，陈伟等（2012）、吕国庆等（2014）基于装备制造业的研究。裴云龙等（2016）采用中国有机精细化学行业代表性企业 ISIP 公司的专利和论文数据，分析了企业研发人员合作网络对企业创新的影响。这些文献拓宽了学术界对中国特定行业协同创新格局的认识，但一方面由于只选取了特定行业合作研发的数据，不能提供广泛和普遍的经验，另一方面也并未阐明企业协同创新的内在机制。马艳艳等（2011）对"校企"合作研发网络进行了研究，其数据虽覆盖所有行业，但其忽略了"集团""研究所"等字段样本和"企企""校校"的合作模式，导致网络规模较小。部分学者研究了协同创新的内在机制，如冯锋和王亮（2008）利用小世界网络模型分析了产学研的网络结构特征，贺俊等（2011）讨论了校企合作研发的基本模式及其制度特征的经济学含义，张伟和于良春（2014）基于部分私有化的混合寡头模型研究了混合寡头厂商的合作研发及垄断控制。刘洋等（2013）通过对浙江省各制造企业的多案例分析，探讨了后发企业如何通过研发网络实现创新追赶。魏江等（2014）通过对两家大型民营企业进行研究，分析了研发网络分散化对创新绩效的影响。这些文献深化了学术界对协同创新或协同创新网络形成动因的认识，但缺乏对其结论的实证检验。

二、企业非正式学习网络的相关研究进展

大量经验研究证实了创新活动倾向于空间上的集中，Marshall（1890）最早在其产业区理论中就论证了集聚经济对创新的影响，某一厂商研究与开发的有利效应不局限于厂商自身范围内，这些知识溢出到周边环境中，成为其他厂商创新活动的有利条件。Hagerstrand（1967）在其研究中模型化了技术的空间溢出，认为技术在空间—时间的扩散过程中经历了接收、扩散和饱和三个阶段。自 20 世纪 80 年代起，一部分学者关注了关系邻近性（Relational Proximity）对企业间技术外溢的影响，他们认为经济文化的同质性或社会关系（网络关系）促进了区域内企业相互间的模仿和学习（Aydalot and David，1988；Camagni，1991；Camagni and Capello，1999）。Acs 等（1994）研究指出小规模厂商一般是区域内大厂商或大学技术外溢的接收者。Lundvall 和 Johnson（1994）指出传统、规范、习惯、社会风俗、文化习俗等非正式制度的邻近性对企业间的学习有重要影响。Boschma（2005）认为企业为了能够从所在城市（区域）的知识池汲取知识，相比地理邻近，更重要的是认知的邻近。Bathelt 和 Henn（2014）认为相同构架、共同目标、信任和风险是企业间知识交换的基础。Bathelt 和 Gibson（2015）发现贸易展览协会能够帮助企业建立社会网络联系，从而促进企业达成出口。

在国内相关研究方面，沈坤荣和李剑（2009）通过构建一个包含物质和研发资本的外部性模型测度了中国企业间的技术外溢。周泳宏和邓卫广（2010）测度了城市产业聚集区内多企业间的外溢效应，发现企业间存在同期正外溢和滞后的负外溢。薛卫等（2010）发现关系资本和组织学习是提升企业研发绩效的关键因素。包群等（2012）基于微观企业数据构造了区域内与区域间、产业内与产业间外溢指标，并分析了技术外溢对企业出口的影响。戴翔和张雨（2013）基于昆山制造业企业样本的研究发现产业集聚带来的技术外溢效应显著。戴璐和支晓强（2015）通过对一家企业长期调查，构建了企业组织间合作的学习成效评价框架。刘斌等（2015）研究表明企业出口到发达国家的学习效应更加明显，能够更大幅度提升其生产率。范黎波等（2016）认为企业能够从自身和同行跨国并购的成功经验中获益。李长青等（2016）将出口学习效应拓展至社会责任领域，发现企业出口反而恶化了企业履行的社会责任。衣长军等（2017）研究发现华人网络对企业 OFDI 逆向技术溢出具有调节效应。

第三节 衡量企业出口绩效的研究概述

企业在贸易中的绩效表现一直是学术界关注的热点，随着研究的不断深入，目前对企业出口绩效的界定已涉及多个维度。Wolff 和 Pett（2000）总结了 20 世纪学术界对企业出口绩效测度的指标，多数学者采用了销量指标，如企业出口概率（Culpan，1989；Ito and Pucik，1993）、企业出口增长率（Cooper and Klein-schmidt，1985；Donthu and Kim，1993）、企业出口金额（Bonaccorsi，1992；Malmberg et al.，2000）等。部分学者采用了利润指标，如企业出口利润率（Samiee and Walters，1990），还有学者采用了市场份额指标（Zou et al.，1998）。此外，还有文献关注了企业新产品和新市场的出口（Coviello and Munro，1995）、企业出口的年数（Bernard and Jensen，1999）、出口企业的信誉（Raven，1994）等。

自 Melitz（2003）开创性地提出新新贸易理论以来，一些更高阶、更有效的企业出口绩效衡量指标被引入国际贸易领域研究。关于企业出口利得，Bernard 等（2003）最早提出了价格加成的概念，认为高效率企业有能力制定更高的定价，也更容易出口。Melitz 和 Ottaviano（2008）认为低生产率企业被挤出国际市场，进而使出口企业具有更高的加成率。近年来，全球价值链分析成为国际贸易领域的研究热点，一些学者通过计算企业出口国内增加值反映其贸易实际利得（张杰等，2013；Kee and Tang，2016；李胜旗和毛其淋，2017；许和连等，2017）。关于企业出口增长，学者进一步在结构上将其分解为扩展边际和集约边际（Bernard et al.，2003），其中，集约边际是指现有出口产品或出口企业在单一方向上量的增加；扩展边际是指出口产品种类的新增或创造、出口市场的增加（Helpman and Rubinstein，2008；Lawless and Malone，1986）。此外，学者还从企业出口产品质量（Amiti and Khandelwal，2013）、企业出口持续时间（Besedes and Blyde，2010；陈勇兵等，2012）、企业出口技术复杂度（Hausmann et al.，2007）等方面考察了企业出口绩效。

第四节　学习网络影响出口绩效的研究概述

目前已有诸多关于学习网络对出口绩效影响的研究，一类文献关注了出口产品和市场邻近的影响。Hidalgo 等（2007）提出的产品空间理论认为如果众多国家都同时出口产品 A 和产品 B，且产品 A 和产品 B 的生产可能需要相似的部门、基础设施、资源、技术等要素，则产品 A 和产品 B 具有生产能力上的关联。生产一种产品的能力取决于生产其他产品的能力，国家会选择与其已具有比较优势的产品关联性较强的产品来建立新的出口比较优势。Poncet 和 De Waldemar（2013）发现企业与所在地出口产品的关联能够促进企业的出口表现。同时，企业开拓新市场时更可能选择与之前出口目的地邻近的市场，基于已有的出口市场网络进入新的市场，从而减少搜寻新市场的信息成本（Chaney，2014）。陈勇兵等（2015）基于中国数据的研究表明企业倾向于选择与老出口市场邻近的出口市场建立新贸易关系。

另一类文献指出，企业在进入新市场或出口新产品时，不仅从自身以往的出口中获取经验，还能从邻近企业获取信息，即"以邻为鉴"的学习效应（Fernandes and Tang，2014）。新出口商在国外市场上面临相当大的不确定性，企业在国外市场上的流动率（进入和退出）远高于国内市场（Bartelsman et al.，2009），并且企业经常在短时间内向某一国外市场出口少量产品后就会退出（Albornoz et al.，2012）。为了解释以上现象，Rauch 和 Watson（2003）假设企业在国外市场上试探性出口的规模很小，只有在克服大部分的不确定性后，企业才会投入大量资源来满足更大的订单，实际上企业在进行风险投资前会尽量获得邻近企业的信息（Hausmann and Rodrik，2003），这一活动对需要付出高额沉没成本的出口企业来讲尤为重要（Fernandes and Tang，2014）。

还有一些文献强调地理集聚对企业间学习效应的重要性，Marshall（1890）最早提出了企业的外部经济主要来源于劳动力"蓄水池"、中间投入规模经济、技术外溢三个方面。之后，新经济地理理论继承了 Marshall 集聚外部性的思想

（Krugman，1991）。近年来，地理集聚与企业出口之间关系的研究得到了学术界的关注，如 Long 和 Zhang（2011）发现集聚对中国企业的出口存在正向影响。Andrés（2013）基于印度尼西亚企业的研究指出地理集聚提高了企业出口的广度和深度。文东伟和冼国明（2014）的研究表明中国制造业的空间集聚显著推动了企业出口。产业集聚还能促进出口信息的外溢，一方面提高企业的生产率，另一方面降低企业进入国际市场的沉没成本，从而增大企业出口的可能性（Lovely et al.，2005）。钱学锋等（2013）研究发现，很多中国企业对目的国出口，将会产生集聚效应和学习效应，从而也有可能促使企业扩大其出口产品范围。张国峰等（2016）发现产业集聚的沟通外部性显著影响出口的集约边际和扩展边际。叶笛和朱林可（2017）研究发现本地区出口同类产品，由于"地区质量声誉"，故能提高企业出口绩效。

第五节　相关文献述评

笔者通过梳理以上文献发现，关于国际贸易网络和企业学习网络的研究已经非常丰富，在理论上深化了学术界对国际贸易中国家间、企业间互动关系的认识，在实证上检验了贸易主体间学习效应对出口绩效的影响，这对今后的研究大有裨益。但是，现有研究仍存在以下问题：

第一，由于研究学科、对象、思路和方法的差异，现有贸易网络、学习网络的研究缺少统一的框架，在对网络概念的界定上也存在混用和重叠。虽然，以 Rauch（2001）、Chaney（2014）等为代表的学者研究的贸易网络效应和以 Fagiolo 等（2008）为代表的学者研究的国际贸易网络拓扑结构，都被称为国际贸易网络研究，但二者的研究方法和内涵在本质上存在很大差异。此外，Westbrock（2010）、König 等（2019）等学者研究的合作研发网络，Camagni（1991）、Bathelt 和 Henn（2014）等学者研究的区域技术溢出网络，以及 Fernandes 和 Tang（2014）等学者研究的出口学习网络都关注了企业间学习网络，但他们的研究方法和理论基础存在显著区别。而且，Fernandes 和 Tang（2014）等学者研究的出口学习网络，与贸易中介效应的贸易网络、区域技术溢出网络所刻画的企业间学习网络在概念和范畴上也有一定重叠。

第二，大部分文献关注了非正式学习网络对企业出口绩效的影响，但却忽视了基于正式合约安排的学习网络对企业出口绩效的影响，也就忽视了跨区域（跨国）、跨部门（产学研联合研发）等更广泛意义上的学习网络对企业出口的作用。随着全球价值链分工迅速由"产业内"向"产品内"深化，生产过程的组织和管理被分割为不同的"任务和活动"，技术的复杂性意味着任何一家企业可以在某些领域处于前沿地位，但不会在所有方面都领先（戈伊尔，2010），越来越多的企业意识到协作研发对提升企业出口表现存在重要意义。而且，中国知识产权保护制度日益完善，企业越来越重视自身知识和技术的独享，核心知识和技术的获取也越来越依赖于正式的合约安排。因此从正式合约角度分析企业学习网络对出口绩效的影响是对现有研究的补充和完善。

第三，现有非正式学习网络对企业出口影响的相关研究，在视角、对象和机制等方面仍存在一些不足：关于产品空间对出口影响的分析仍停留在国家或产业层面（Hidalgo et al.，2007；张其仔，2008），即便基于微观层面的研究（Poncet and De Waldemar，2013），其实证样本仅包括 2000 年和 2006 年的数据，难以提供普遍的经验。关于出口市场拓展的研究仅考虑了企业自身的出口经验，忽视了对邻近企业的出口经验的借鉴（Chaney，2014；陈勇兵等，2015）。关于"以邻为鉴"的学习效应文献普遍考察相同出口产品或出口市场的学习效应（Fernandes and Tang，2014；Kamal and Sundaram，2016）。虽然这一做法可以在一定程度上反映"以邻为鉴"对企业出口的影响，但现实中企业还能从相关产品和邻近市场获取出口知识，如产业链上下游企业间的出口知识溢出，特别是当企业将出口范围拓展至所在地未曾出口过的市场时，企业只能凭借之前相关产品和邻近市场获取的出口知识。关于集聚对企业学习的研究采用行业层面的集聚指标，如同行业企业的数量（赵永亮等，2014）、同产业的就业人数（张国峰等，2016）等，行业层面数据难以捕捉企业出口学习的微观机制，尤其是高分位出口产品、市场的情况。

第四，现有文献在样本数据的范围和实证指标的选取方面仍有一定缺陷。大部分学者对我国正式学习网络的构建，囿于特定行业合作研发数据，不能提供广泛和普遍的经验，也就不能展现我国协同创新的全局特征；对企业间非正式学习网络的构建，仅是基于共同语言、移民、文化等某一或某几个方面的共同特征，相比不可知论方法（Agnostic Approach），即不考虑中间过程，以实际出口结果为导向刻画企业之间的关联，现有研究不能综合反映企业间的联系；而且，目前关于学习网络对企业出口绩效影响的文献，没有依据新新贸易理论提出更高阶、更有效的指标来反映企业的出口绩效，如企业价格加成、企业出口边际、企业出口国内增加值等。

第三章 企业学习网络的构建及结构特征

第一节 企业学习网络的界定

企业在出口过程中常面临各种各样的风险和不确定性，严重降低了企业出口的可能性和真实贸易利得（Bernard et al.，2003；Chaney，2014）。例如，企业根据某目标市场特定偏好研发出口产品，需要承担新产品研发的风险和成本；企业开拓新的市场，需充分了解目标市场的法律法规、文化宗教等（陈勇兵等，2015）。事实上，根据 Anderson 和 Van Wincoop（2004）的研究，国际贸易中的平均成本高达170%，其中包括8%的政策相关成本、6%的供求信息匹配成本、7%的语言障碍、14%的货币兑换障碍、3%的跨国合约安全保障成本等。在现实中，企业为规避贸易风险和降低成本，常选择参考其他具有相同或相似出口行为的企业，通过社会网络来学习和模仿其生产技术和出口经验（Fernandes and Tang，2014）。然而，市场竞争的本质决定了企业自身技术和经验的排他性，因为在市场需求一定的前提下，某一企业市场份额的增加就意味着其他企业市场份额的下降。特别是对于核心技术，为了保密技术和独享技术从而获得垄断利润，企业往往采取专利申请、签署保密协议等方式，对技术和经验进行严密的保护。近年来，中国知识产权保护制度日益完善，科技园、创业园及孵化器等各类科研中介机构如雨后春笋般涌现，这为企业、大学和科研院所之间相互学习、协同创新提供了广阔的平台。鉴于此，本章界定了两种类型的企业学习网络（见表3-1）：一是协同创新网络，其本质是企业等研发创新主体之间基于规范的协作合约安排，共同承担风险和成本，形成共同目标、相互补充、配合协作的学习网络；二是出口关联网络，其本质是区域范围内企业之间由于出口产品类别相似和出口市场地理邻近所形成的集聚经济，是非协作企业间的溢出效应，先进厂商通过扩散技术和分享知识改善了周边环境，同时周边环境也为它们的创新活动提供了支撑。接下来我们将具体介绍两种学习网络的概念。

表3-1　协同创新网络和出口关联网络的区别

学习网络类型	协同创新网络	出口关联网络
学习载体	规范的合同、合约安排	非正式的社会网络关联
学习成本	清晰界定的权利和义务	无学习成本
距离限制	无距离限制	必须处于相同区域
网络类型	一模无向加权网络	广义二模无向加权网络

一、协同创新网络

协同创新网络（Collaborative Innovation Network）是指在协同创新过程中，企业、大学和科研院所之间自发地形成一种正式的、规范的合作网络。技术的复杂性意味着任何一家企业可以在某些领域处于前沿地位，但不会在所有方面都领先。企业间统筹安排不同的技术经验从而形成新的竞争优势，借助合作伙伴的某方面技术优势降低风险和成本，从而在市场中获得有利地位。例如，戴姆勒-克莱斯勒公司虽然在换挡变速装置方面独占鳌头，但它又与大众和宝马公司在减少内燃机废气排放方面进行了合作研发，同时还和爱信华纳公司在四轮驱动的变速装置方面进行合作（戈伊尔，2010）。

从社会网络学的角度来看，协同创新网络属于一模无向加权网络，即创新主体之间通过规范的合约直接建立学习关系，其中创新主体以节点集合 V 来表示，协同创新关系以边的集合 E 来表示。该协同创新网络的节点集合是 V = ｛A，B，

C，D，E}，边的集合是 E＝{AD，AC，BE，BD，CE}，此外，在企业间有 1 个
以上协同创新项目的情况下，我们还需要定义协同创新的权重集合 W，如 W＝
{1，2，3，4，5} 表示企业 A 与 D、A 与 C、B 与 E、B 与 D、C 与 E 分别进行
了 1 项、2 项、3 项、4 项和 5 项协同创新（见图 3-1）。

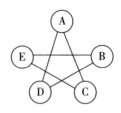

图 3-1　企业间协同创新网络

二、出口关联网络

出口关联网络是指企业由于拥有相同或相似的出口产品和出口市场所形成的
一种非正式的社会网络。事实上，已有大量文献关注了网络结构对国际贸易的影
响，Rauch（2001）认为社会网络对国际贸易的促进主要体现在两个方面：一方
面，社会网络能够为网络成员提供贸易信息，网络成员能够学习和分享其他成员
的经验，从而减少信息搜寻成本；另一方面，社会网络可以对网络成员形成约
束，联合惩罚不守信用的成员。对于形成社会网络的载体，学术界分别从相同语
言和种族（Rauch and Trindade，2002）、移民关系（Rauch and Casella，2003）、
相同出口产品（Fernandes and Tang，2014）、相同出口目的地（Chaney，2014）
等方面进行了研究。换言之，出口企业之间关联或社会网络必须依靠某些共同具
有的特征。然而，对于网络形成载体的刻画不尽相同，为此我们借鉴 Hidalgo 等
（2007）的思路，采用不可知论方法，以结果导向刻画出口企业之间的关联，如
果某两个出口企业之间具有大量的相似出口产品或相近出口目的地，则认为它们
出口需要相似的生产技术、社会关系、机构设施等。

从社会网络学的角度来看，出口关联网络属于二模无向加权网络，即企业通
过某种载体间接地建立非正式的学习关系，网络成员包括两类，以节点集合 V＝
（V_1，V_2）来表示，其中，V_1 表示出口企业，V_2 表示出口企业具有的某种共同

特征。网络关系以边的集合 E 表示，每条网络关系包括一个 V_1 中的起始节点和一个 V_2 中的末端节点。在该出口关联网络中，两类网络节点分别为代表企业的 V_1 ＝ ｛A，B，C，D，E｝和代表出口产品或市场的 V_2 ＝ ｛a，b，c，d，e，f，g｝，边的集合为代表出口行为的 E ＝ ｛Aa，Ae，Ba，Bc，Ce，Cd，Dc，Ed｝。此外，我们还可以根据节点的从属关系将二模网络转化为一模网络，由于企业 A 和企业 B、企业 A 和企业 C、企业 B 和企业 D、企业 C 和企业 E 分别具有相同出口产品或出口市场，其一模网络的节点结合为 V ＝ ｛A，B，C，D，E｝，边的集合为 E ＝ ｛AB，AC，BD，CE｝（见图 3-2）。

值得注意的是，企业并非仅能从完全相同的出口产品或出口市场获取知识外溢，如产业链上下游企业间的出口知识溢出、某一市场出口所获得的经验可以复制应用到其他与之地理邻近的市场上（Chaney，2014；陈勇兵等，2015）。鉴于此，笔者放宽了出口关联网络的条件，即企业还能从相似出口产品和邻近出口市场学习技术和经验。笔者定义了出口产品或目的地之间的关联，以边的集合 $\hat{E}$ ＝ ｛af，ag，ac，bc，bd，cg｝来表示。不难发现，虽然企业 A 和企业 D 没有完全相同的出口产品或市场，但其出口产品或市场 a 和 c 之间存在关联，因此同样可以认为企业 A 和企业 D 之间存在出口关联［图 3-2（a）右侧以虚线表示］，此时边的集合为 E ＝ ｛AB，AC，AD，BD，CE｝。需要强调的是，企业间的技术外溢依赖于地理邻近（Jaffe et al.，1993），因此出口关联网络中的节点成员必须位于同一区域范围内。

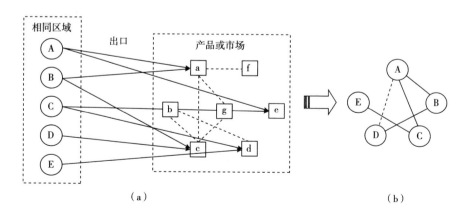

（a）　　　　　　　　　　　　　　　　（b）

图 3-2　企业间出口关联网络及其一模网络形式

第二节　协同创新网络的构建及结构特征

一、协同创新网络的构建

一般而言，企业会选择具有重要战略意义的技术与其他企业进行协同创新，因为这些技术虽然能够为企业带来丰厚回报，但往往也需要极大的前期沉没成本投入，或涉及企业所未掌握的某些技术领域。此时，企业为了分摊成本和风险，会选择寻求合作伙伴，围绕创新目标共同攻克技术难关。为保障协同创新技术能够享受到独占性、排他性权利，防止其他"搭便车"竞争对手侵害协同创新主体的利益，共同申请专利成为协同创新企业保护其权益的有效手段。而且，专利作为研发产出指标，相比于科研投入、科研人员数量等研发投入指标，能够更好地反映企业间相互学习、技术交融的程度。鉴于此，笔者选取企业、大学和科研院所之间共同申请专利的数据反映研发主体之间的协同创新行为。

本章构建协同创新网络的数据来自国家知识产权局安全出版社出版的《中国专利数据库文摘1985-2012（光碟版）》。该数据库收录了自1985年《中华人民共和国专利法》实施以来，国家知识产权局授予的所有专利信息，近770万条记录。该数据库提供了三种类型的专利（包括发明专利、实用新型专利和外观设计专利）的专利名称、发明人、申请人、申请日和公开日等信息，不仅记录了国内专利申请的信息，还记录了其他国家在中国申请专利的信息，本章将申请人中包含2个以上主体的记录视为协同创新，如A、B和C共同申请了某项专利，则视为A和B、B和C、A和C各进行了一次协同创新。由于研究对象是机构而并非个人，参考He等（2016）的做法，本章保留了名称中包括"股份有限责任公司""股份有限公司""有限责任公司""独立行政法人""有限总公司""有限分公司""总公司""分公司""董事会""集团""有限公司""有限责任""株式会社""公司""股份""企业""工厂""厂"字段的申请人，并将这类申请人视为企业，以及保留了名称中包括"实验室""研究所""大学""学院"

"院""所""馆""部"等字段的申请人，并将这类申请人视为研究单位。此外，为了避免个人名字中包含上述字段，本章还要求申请人名称长度不少于4个汉字。本章将申请日的年份作为协同创新年份（见表3-2）。

表3-2　协同创新网络中创新主体的界定标准

创新主体类型	申请人所包含字段	申请人名称长度
企业	"股份有限责任公司""股份有限公司""有限责任公司""独立行政法人""有限总公司""有限分公司""总公司""分公司""董事会""集团""有限公司""有限责任""株式会社""公司""股份""企业""工厂""厂"	不少于4个汉字
大学、科研院所	"实验室""研究所""大学""学院""院""所""馆""部"	不少于4个汉字

此外，我们还定义了三种协同创新类型：①将申请人包含企业和研究单位的记录视为"研企"模式的协同创新。②将申请人包含两个企业的记录视为"企企"模式的协同创新。③将申请人包含两个研究单位的记录视为"研研"模式的协同创新。例如，两个企业 A、B 和研究单位 C 共同申请了某项专利，则视为 A 和 B 进行了一次"企企"模式的协同创新，B 和 C、A 和 C 各进行了一次"研企"模式的协同创新。

图 3-3 展示了 1985~2007 年中国专利申请和协同创新数量的变化，可以发现，样本区间内中国专利申请和协同创新的数量整体上呈逐年增加趋势，而且增速不断加快，但受国际金融危机影响，2007 年协同创新数量略有下降。这表明，一方面，中国科技创新成效卓著，创新逐渐成为经济增长的核心驱动力，而且中国的知识产权保护意识不断强化，越来越多的企业、机构和个人通过专利申请来保障自身权益；另一方面，创新主体更加注重协同创新，技术交融的深度和广度不断扩大，大量的企业、大学、科研院所等创新主体加入协同创新网络之中。

二、协同创新网络指标的测度

根据社会网络研究方法，企业是协同创新网络中的节点，企业间联合申请专利关系是网络中的边。笔者利用邻接矩阵 $g = [g_{ij}]$ 表示协同创新网络中企业间

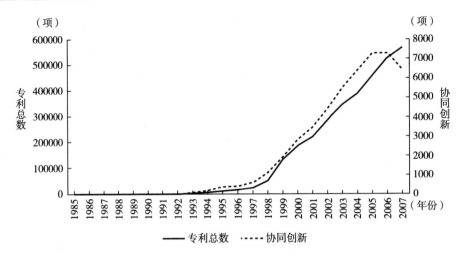

图 3-3 1985~2007 年中国专利申请和协同创新数量

的关联情况，如果企业 i 和企业 j 存在协同创新关联则 $g_{ij}=g_{ji}=1$，否则 $g_{ij}=g_{ji}=0$；利用权重矩阵 $w=[w_{ij}]$ 表示协同创新网络中企业间关联的强弱，其中 $w_{ij}=w_{ji}$，w_{ij} 的值等于企业 i 和企业 j 联合申请专利的数量。为了探索网络的全局拓扑结构，本章分别测度了协同创新网络的密度、平均度、联通片区数、平均加权度、平均聚类系数、同配性、网络直径、平均路径长度、网络中心性。

（1）密度（Density）。网络密度指的是一个网络中各节点间联络的紧密程度，网络节点之间连线越多，网络密度就越大。网络密度可以用网络中实际拥有的连线数（M）与最多可能存在的连接总数的比值来表示：

$$\text{Density} = 2M/(N\times(N-1)) \tag{3.1}$$

（2）平均度（Average Degree）。网络中所有节点的度的平均值称为网络的平均度，计算式为：

$$\text{AverageD} = \sum_{i,j=1}^{N} g_{i,j}/N = \frac{2M}{N} \tag{3.2}$$

（3）联通片区数（Number of Connected Component）。联通片区是指片区内节点可达，但片区间节点不可达的片区，联通片区数是这类片区的数量。最大片区是网络中包含节点最多的联通片区。

（4）平均加权度（Average Weighted Degree）。网络中所有节点权度中心性的平均值称为平均加权度，计算式为：

$$Average weighted D = \sum_{i,\,j=1}^{N} w_{i,\,j}/N \tag{3.3}$$

（5）平均聚类系数（Average Cluster Coefficient）。聚类系数是指以节点 i 为中心的三角形的实际数目与最大可能数目的比值，反映了节点 i 的邻居之间也是邻居的概率，平均聚类系数是各节点聚类系数的均值。

网络中一个度为 k_i 的节点 i 的聚类系数定义为：

$$C_i = \frac{E_i}{k_i(k_i-1)/2} \tag{3.4}$$

网络中所有节点的平均聚类系数为：

$$C = \frac{1}{N}\sum_{i=1}^{N} C_i \tag{3.5}$$

（6）同配性（Assortativity）。同配系数取值在 −1 和 1 之间，越接近 −1，代表权度中心性大的节点越倾向于与权度中心性小的节点相连，即网络具有异配性；越接近 1，代表权度中心大的节点越倾向于与权度中心性大的节点相连，即网络具有同配性（Newman，2002）。其计算式为：

$$Assortativity = \frac{H^{-1}\sum_i w_i j_i k_i - \left(H^{-1}\sum_i \frac{1}{2}w_i(j_i+k_i)\right)^2}{H^{-1}\sum_i \frac{1}{2}w_i(j_i^2+k_i^2) - \left(H^{-1}\sum_i \frac{1}{2}w_i(j_i+k_i)\right)} \tag{3.6}$$

其中，H 表示网络中所有边的权重之和，w_i 表示第 i 条边权重，j_i、k_i 分别表示源节点和目的节点权度中心性。

（7）网络直径（Diameter）。网络中任意两个节点之间距离的最大值称为网络直径，表达式为：

$$Diameter = \max_{i,j} d_{ij} \tag{3.7}$$

（8）平均路径长度（Average Path Length）。网络中两个节点 i 和 j 之间的最短路径 $d_{i,j}$ 是指连接这两个节点所需边数最少的路径。

平均最短路径定义为网络中任意两个节点之间最短路径的平均值，表达式为：

$$Average\ Path\ Length = \frac{1}{\frac{1}{2}N(N-1)}\sum_{i \geq j} d_{ij} \tag{3.8}$$

（9）网络中心性是衡量节点在网络中重要程度的关键变量（马述忠等，2016），一般用以考察个体在网络中的枢纽程度和对资源获取与控制的能力（Wasserman and Faust，1994）。Freeman（1978）提出权度中心性、中介中心性、特征向量中心性等指标能够从不同角度反映节点在网络中所起的作用以及所处的地位。为了综合考察企业在协同创新网络中与其他节点的关联情况，检验本书所提出理论假设，本章分别选取了权度中心性、中介中心性和特征向量中心性测度企业在协同创新网络中的地位。

①权度中心性（Weighted-Degree Centrality，DC）。权度中心性反映了企业与其他企业协同创新关联的强度，即企业与其他企业联合申请专利的数量之和，计算式为：

$$DC_i = \sum_{j \neq i}^{n} w_{ij} \tag{3.9}$$

②中介中心性（Betweenness Centrality，BC）。中介中心性反映了节点对网络中沿最短路径传输的技术、信息、资源等的控制能力，即通过节点最短路径的数量之和。中介中心性越高，表明节点越处于"枢纽"地位，计算式为：

$$BC_i = \sum_{s \neq i \neq t} \frac{n_{st}^i}{n_{st}} \tag{3.10}$$

其中，n_{st} 为节点 s 和节点 t 之间最短路径的数量，n_{st}^i 为节点 s 和节点 t 之间通过节点 i 的最短路径数量。

③特征向量中心性（Eigenvector Centrality，EC）。特征向量中心性的基本思路是：一个节点的重要性既取决于其邻居节点的数量，也取决于其邻居节点的质量或重要性。换言之，在协同创新网络中，1 个企业邻居节点协同创新的数量越多，该企业的特征向量中心性越大，计算式为：

$$EC = \lambda_1^{-1} gx \tag{3.11}$$

其中，$g = [g_{ij}]$ 是网络的邻接矩阵，λ_1^{-1} 是矩阵 g 中最大的特征值且为单位根。

三、协同创新网络的整体格局

1999~2007 年，中国各省份之间、中国各省份与各国之间以及各国之间的协同创新联系都越来越紧密。从国内来看，中国协同创新较密集的地区分别为京津地区、长江三角洲地区和珠江三角洲地区，这些省份和地区也是中国经济较为发达的区域，它们与其他省份、其他国家之间进行了大量的协同创新联系，不但在中国各省份之间处于核心地位，还在中国与其他国家的技术合作中承担了"桥梁"和"枢纽"作用。从国际范围来看，协同创新主要发生在美国、日本和欧盟国家，发达国家具有明显的技术研发优势，在整个协同创新网络中发挥了较强的控制力和影响力。

从时间演化趋势来看，1999~2007 年，协同创新网络逐渐由"一枝独秀"向"百花齐放"的格局转变，1999 年中国的协同创新主要集中在北京、上海和江苏等省份，而其他省份在协同创新网络中参与程度很低。但截至 2007 年，湖北、四川、辽宁等拥有区域中心城市的省份在协同创新网络中的地位日渐凸显。在1999 年，全球范围内主要是日本、美国、欧盟国家、澳大利亚等发达国家参与了协同创新网络，2007 年印度、巴西等新兴国家也加入协同创新网络之中。总体来看，无论是中国各省份还是各国，经济发展水平都是协同创新的重要支撑，因为经济发达地区具有更好的科技基础，一方面向其他经济欠发达的地区输送技术，另一方面这些地区市场更为活跃，统筹其他区域创新资源的动机也更强烈。

表 3-3 列示了 1999 年、2003 年、2007 年中国协同创新前 10 名的省份，可以发现，与一般的直观判断不同，山东省的协同创新数量排名非常靠前，省内协同创新占据了绝大部分。实际上，这主要是由于海尔集团与其旗下的众多子公司、分公司（如青岛海尔空调器有限总公司、海尔电器国际股份有限公司、青岛海尔电冰箱股份有限公司等）大量共同申请专利形成的，但严格意义上不能将其归纳为协同创新，仅能视为大型集团内部创新的统筹安排。为了避免对海尔集团及其子公司、分公司协同创新的高估，本书在第四章和第五章的实证回归中，剔除了企业名称中带有"海尔"字段的样本。1999~2007 年中国协同创新前 10 位的省份较为稳定，北京、天津、上海、广东、山东、浙江、江苏、台湾、四川、湖北、辽宁这 11 个省份位列其中，其中北京和上海的协同创新数目明显高于其他省份，可能的原因是，北京和上海的高校和科研院所比较集中，科研基础雄厚，促进了当地创新主体之间，以及当地创新主体和其他省份和国家之间的协同

创新。

从协同创新网络的演化趋势来看，各省份之间协同创新数量占协同创新总数的份额逐年增加，省际和国际协同创新的比重由 1999 年的 24.30%，上升到 2003 年的 42.32% 和 2007 年的 52.08%，表明跨区域协同创新成为协同创新的主要模式，距离对协同创新的分隔和阻碍作用在不断减弱。此外，虽然北京、上海、江苏、浙江、广东协同创新的数量仍然位居前列，但其领先优势正不断减弱，如 1999~2003 年北京协同创新数量增幅为 462.09%，同期四川协同创新的增幅为 565%，增幅明显高于北京、上海等地。

表 3-3　相关年份中国协同创新前 10 位的省份

排名	1999 年				2003 年				2007 年			
	省份	省内	省间	国际	省份	省内	省间	国际	省份	省内	省间	国际
1	山东	318	6	0	山东	569	55	1	北京	360	467	33
2	上海	114	35	9	北京	274	266	37	上海	265	297	41
3	北京	85	58	10	上海	204	151	49	广东	146	403	15
4	江苏	19	29	0	江苏	84	99	1	山东	423	99	1
5	台湾	32	2	5	广东	34	85	27	浙江	337	145	6
6	广东	21	11	2	浙江	48	73	0	江苏	160	201	9
7	四川	8	8	4	台湾	46	0	37	台湾	96	50	17
8	浙江	14	5	0	湖北	40	39	0	四川	34	96	3
9	辽宁	8	11	0	四川	38	33	0	湖北	39	86	6
10	天津	7	6	0	天津	18	41	0	辽宁	32	70	11

资料来源：笔者整理得到。

表 3-4 列示了除中国以外协同创新排名前 10 位的国家，1999~2007 年协同创新前 10 位的国家较为稳定，日本、美国、德国、法国、荷兰、韩国、英国、瑞士、芬兰、意大利、丹麦这 11 个国家位列其中，而日本和美国协同创新的数量明显高于其他国家。这一方面，由于日本和美国雄厚的经济实力为其科技创新提供了夯实的技术储备，吸引了其他国家的技术交流，在很大程度上促进了国内及与其他国家的协同创新；另一方面，日本和美国的知识产权战略之一是加强本国企业在海外专利权的实施与保护，中国是日本和美国的重要目标市场，因而大

量的日本企业和美国企业在中国申请了专利保护。从各国与中国的协同创新情况来看，中国与日本协同创新的数量明显高于其他国家，主要是因为日本科学技术发达，有很多技术值得我们借鉴和学习，同时日本与我国较为邻近的地理距离也促进了协同创新。值得注意的是，在样本区间内，韩国协同创新的数量飞速发展，1999 年排在第 6 位，2007 年仅次于日本和美国之后，这可能得益于韩国近年来实施的一系列科技发展战略。例如，韩国 2004 年制定的"十大新一代成长动力工程"、2005 年确定的 21 项"国家有望技术"等。

表 3-4　相关年份协同创新前 10 位的国家

排名	1999 年				2003 年				2007 年			
	国家	本国	中国	其他	国家	本国	中国	其他	国家	本国	中国	其他
1	JPN	449	15	114	JPN	1915	62	220	JPN	1808	105	123
2	USA	182	15	168	USA	236	69	318	USA	163	26	200
3	DEU	38	4	93	FRA	156	3	30	KOR	214	8	28
4	FRA	56	2	19	DEU	56	0	102	FRA	93	1	86
5	NLD	7	0	48	KOR	88	6	34	DEU	45	1	73
6	KOR	32	0	7	GBR	17	0	64	CHE	17	0	85
7	GBR	16	0	17	CHE	11	1	57	GBR	20	5	42
8	CHE	11	0	19	ITA	25	0	19	ITA	4	0	17
9	FIN	2	1	22	NLD	4	0	32	DNK	2	2	14
10	ITA	12	0	6	FIN	2	0	23	NLD	3	1	13

注：JPN 代表日本、USA 代表美国、DEU 代表德国、FRA 代表法国、NLD 代表荷兰、KOR 代表韩国、GBR 代表英国、CHE 代表瑞士、FIN 代表芬兰、ITA 代表意大利、DNK 代表丹麦。

四、协同创新网络的微观结构

表 3-5 展示了协同创新网络结构指标的测度结果，其计算基于式 3.1 至式 3.11。可以发现，一是 1999~2007 年协同创新网络的节点和边的数量整体上呈逐年增加趋势，2007 年受金融危机影响略有减少，但网络密度却有所下降，由 1999 年的 0.0011 下降到 2004~2007 年的 0.0005，这表明虽然协同创新网络中节

点和边的数量都在增加，但新加入的节点并未与网络中既有节点建立广泛联系[①]。二是平均度和平均加权度呈上升趋势，这表明协同创新合作伙伴数量、合作伙伴之间联合申请专利数量都在增加。三是网络直径和平均路径长度呈上升趋势，这表明新加入的节点稀释了网络密度，在一定程度上增加了节点之间的平均距离，但即使如此，2007年协同创新网络的平均路径长度仍然只有6.675，换言之，协同网络中的每个节点平均只需6个节点就能与其他节点建立间接的协同创新联系，协同创新网络具有明显的"小世界"特征。四是最大片区和最大片区占比呈上升趋势。一方面，随着新节点的不断加入，协同创新网络中包含众多互不联通的离散片区；另一方面，网络中包含最多节点的联通片区所占据的比重越来越大，协同创新网络逐渐形成了一个包括绝大多数节点的主流的"巨片"。五是平均聚类系数呈上升趋势，这表明某个体的两个协同创新伙伴间也是协同创新伙伴的概率逐渐增加，也就是说协同创新网络中相互关联"三元闭包"的数量越来越多，增加了协同创新个体间相互的信任，因为同某共同伙伴建立关联的风险要比直接建立关联更小，"三元闭包"促进了个体间的知识溢出并使网络结构更稳固（Broekel and Boschma，2012）。六是同配性为负值，这表明协同创新网络具有异配特征，即权度中心性大的节点越倾向于与权度中心性小的节点相连，而且异配特征在逐渐增大。

表 3-5 1999~2007 年协同创新网络的结构指标

年份 指标	1999	2000	2001	2002	2003	2004	2005	2006	2007
节点数量	1144	1394	1724	2126	2561	2825	3137	3298	3199
边数	749	932	1163	1556	1935	2164	2461	2574	2556
密度	0.0011	0.001	0.0008	0.0007	0.0006	0.0005	0.0005	0.0005	0.0005
平均度	1.309	1.337	1.349	1.464	1.511	1.539	1.569	1.561	1.598
平均加权度	3.22	3.956	3.833	3.964	3.988	4.222	4.324	4.084	3.781
网络直径	10	17	16	13	16	17	17	18	19
平均路径长度	3.561	5.419	6.505	5.312	6.257	6.174	6.422	6.478	6.675

---

① 根据网络密度计算式，仅当边增加的数量是节点增加数量的几何倍数时，网络密度才保持不变。

续表

指标＼年份	1999	2000	2001	2002	2003	2004	2005	2006	2007
最大片区	84	127	221	356	793	959	1128	1253	1299
最大片区占比	0.073	0.091	0.128	0.167	0.310	0.339	0.360	0.380	0.406
平均聚类系数	0.000	0.007	0.008	0.001	0.018	0.013	0.019	0.030	0.027
同配性	−0.070	−0.086	−0.097	−0.087	−0.083	−0.091	−0.088	−0.092	−0.111

表3-6展示了1999年、2003年和2007年协同创新网络的权度中心性、中介中心性和特征向量中心性排名前10位的中国组织机构。主要包括：一是大型集团公司及其旗下子公司和分公司，如海尔、海信、华为等。二是国内知名大学，如清华大学、复旦大学、上海交通大学、浙江大学、南京大学、南开大学、四川大学等。三是科研院所，如中国科学院化学研究所、中国科学院过程工程研究所等。四是垄断资源行业企业，如中国海洋石油总公司、中国石油化工集团公司、中国铝业股份有限公司等。这说明上述科研主体在中国协同创新体系中处于主导地位。此外，相较于权度中心性，中介中心性和特征向量中心性排名前10位的大学、科研院所的数量更多，这表明大学、科研院所在中国协同创新网络中处于"桥梁"和"枢纽"位置。

表3-6 1999年、2003年和2007年节点中心性排名前10位的组织机构

排名	权度中心性			中介中心性			特征向量中心性		
	1999年	2003年	2007年	1999年	2003年	2007年	1999年	2003年	2007年
1	海尔 a	海尔 a	海尔 a	SG	清华	华为	SG	清华	清华
2	复旦	清华	清华	复旦	SG	SJTU	海尔 a	南开	浙大
3	博道	海信 a	华为	ECUST	南开	清华	清华	SJTU	华为
4	海尔 b	海信 c	浙大	海尔 a	宝钢	宝钢	复旦	科迪	SJTU
5	海尔 c	海尔 b	鸿富锦	清华	SJTU	浙大	ECUST	上广电	ECUST
6	海信 a	海尔 f	东华	川大	ECUST	NEU	川大	同济	复旦
7	海尔 d	浙大	海尔 b	南大	科迪	中铝	南大	北理工	SG
8	清华	SJTU	万向	浙大	春晓	复旦	大理工	过工所	宝钢

续表

排名	权度中心性			中介中心性			特征向量中心性		
	1999 年	2003 年	2007 年	1999 年	2003 年	2007 年	1999 年	2003 年	2007 年
9	海尔 e	川大	CNOOC	大理工	过工所	CSU	ICCAS	浙大	北工大
10	海信 b	海尔 g	SJTU	北邮	宝钢	ECUST	BUCT	同方	SCUT

注：海尔 a 代表海尔集团、海尔 b 代表青岛海尔空调器有限总公司、海尔 c 代表海尔电器国际股份有限公司、海尔 d 代表青岛海尔电冰箱股份有限公司、海尔 e 代表青岛海尔厨房电器有限公司、海尔 f 代表青岛海尔洗衣机有限公司、海尔 g 代表青岛市家用电器研究所，海信 a 代表海信集团公司、海信 b 代表青岛海信集团技术中心、海信 c 代表青岛海信通信有限公司，CNOOC 代表中国海洋石油总公司，过工所代表中国科学院过程工程研究所，中铝代表中国铝业股份有限公司，川大代表四川大学，南大代表南京大学，大理工代表大连理工大学，ICCAS 代表中国科学院化学研究所，BUCT 代表北京化工大学，上广电代表上海广电电子股份有限公司，北理工代表北京理工大学，北工大代表北京工业大学，SCUT 代表华南理工大学，SG 代表中国石油化工集团公司，SJTU 代表上海交通大学，NEU 代表东北大学，ECUST 代表华东理工大学，CSU 代表中南大学。

第三节　出口关联网络的构建及结构特征

一、出口关联网络的构建

（一）产品关联（relatedness）

产品空间理论认为，生产一种产品的能力取决于生产其他产品的能力，国家在发展新产品过程中会选择与其已具有比较优势的产品关联性较强的产品。本章基于 Hidalgo 等（2007）提出的产品空间理论来计算企业出口产品与当地企业出口产品的关联程度，利用 2000～2005 年加总到 HS-4 分位的 CEPII-BACI 国家双边贸易数据计算产品之间的关联性，具体计算式如下：

$$\phi_{ij}^t = \min \left\{ P^t \left(RCA_i \mid RCA_j \right), P^t \left(RCA_j \mid RCA_i \right) \right\} \tag{3.12}$$

其中，t 年产品 i 和产品 j 的关联程度 ϕ_{ij}^t 等于，当一个国家在 j 产品上具有

比较优势的条件时，在 i 产品上也具有比较优势的条件概率 P'（RCA_i | RCA_j），以及当一个国家在 i 产品上具有比较优势的条件时，在 j 产品上也具有比较优势的条件概率 P'（RCA_j | RCA_i）中的较小值。特别地，任一产品与自身的关联度等于 1。2005 年，CEPII-BACI 数据库 HS-4 分位的 1242 种产品间的关联如图 3-4 所示，不同产品在产品空间中的地位存在差异，一些处于核心地位的产品与众多产品存在关联，而另一些产品处于产品空间的边缘地位。

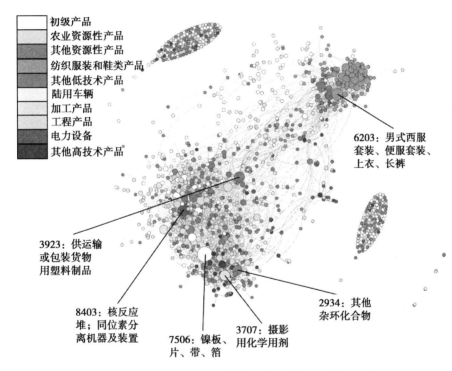

图 3-4　2005 年 CEPII-BACI 数据库中 HS-4 产品的空间

注：①图中节点代表了 CEPII-BACI 数据库中 HS-4 分位的 1242 种产品，节点间的边代表了产品关联。②图中仅保留了 φ 大于 0.75 的关联。③节点的大小与其相连接节点的关联之和成正比。①

---

① 不同产品的研发比重、规模经济、进入壁垒、学习效应都有显著差异，本章参考 Lall（2000）的技术分类标准，将 HS-4 分位共计 1242 种产品划分为 10 大类，包括初级产品（PP）、农业资源性产品（RB1）、其他资源性产品（RB2）、纺织服装和鞋类产品（LT1）、其他低技术产品（LT2）、陆用车辆（MT1）、加工产品（MT2）、工程产品（MT3）、电力设备（HT1）、其他高技术产品（HT2）。Lall（2000）的分类基于 SITC Rev.2 的 3 分位编码，本章的产品分类基于 HS92 的 4 分位编码，因此，本章参照 UN-COMTRADE 提供的 HS 与 SITC 贸易产品之间的详细转换表，将 HS92 的 4 分位编码转换为 SITC Rev.2 的 3 分位编码，由于缺失部分产品之间对应的转换关系，最后保留了 1242 种产品。

出口产品 i 与所在城市 l 出口产品的关联等于，t 年 i 出口产品与 t−1 年所在城市 l 出口的具有比较优势的产品关联之和，与 i 产品与 t−1 年产品空间中所有产品的关联之和的比值，其计算式如下：

$$\text{relatedness}_{lit} = \frac{\sum_{j \in RCA_l^{t-1}} \phi_{ij}^{t-1}}{\sum \phi_{ij}^{t-1}} \tag{3.13}$$

企业 f 出口产品关联等于 t 年 f 企业出口的所有产品的关联之和，假设 ω（f）为企业 f 的出口产品集，企业 f 产品关联的计算式为：

$$\text{relatedness}_{ft} = \sum_{i \in \omega(f)} \text{relatedness}_{lit} \tag{3.14}$$

其中，出口产品比较优势指数 RCA 定义为，t 年 l 城市 i 产品出口（x_i^l）占其所有产品出口（$\sum_{i \in l} x_i^l$）的份额与 t 年全球产品 i 出口（x_i^w）占全球总出口（$\sum_{i \in w} x_i^w$）份额的比值，当 RCA 大于等于 1 时，认为 l 城市的 i 产品具有比较优势，其计算式如下：

$$RCA_i^l = \frac{x_i^l / \sum_{i \in l} x_i^l}{x_i^w / \sum_{i \in w} x_i^w} \tag{3.15}$$

（二）市场邻近

借鉴 Chaney（2014）的做法，将出口目的国 n 与 m 的邻近程度 φ_{nm}，定义为 n 国与 m 国地理距离加 1 的倒数：[①]

$$\varphi_{nm} = 1 / (\text{Dist}_{nm} + 1) \tag{3.16}$$

出口市场 n 与所在城市 l 出口市场的邻近等于，t 年 n 出口市场与 t−1 年所在城市 l 出口的具有比较优势的市场邻近度之和，与 n 市场与 t−1 年所有市场的邻近度之和的比值，其计算式如下：

$$\text{proximity}_{lnt} = \frac{\sum_{m \in MRCA_l^{t-1}} \varphi_{nm}}{\sum \varphi_{nm}} \tag{3.17}$$

企业 f 出口市场邻近等于 t 年 f 企业出口的所有市场的邻近度之和，假设 τ（f）为企业 f 的出口市场集，企业 f 市场邻近的计算式为：

---

① 为避免出口到相同市场时分母为 0 的情况，本章将市场邻近定义为地理距离加 1 的倒数。

$$\text{proximity}_{ft} = \sum_{n \in \tau(f)} \text{proximity}_{lnt} \tag{3.18}$$

其中，类似于出口产品比较优势，将出口市场比较优势 MRCA 定义为，t 年 l 城市对 n 市场出口（x_n^l）占其所有市场出口（$\sum_{n \in l} x_n^l$）的份额，与 t 年全球对 n 市场出口（x_n^w）占全球总出口（$\sum_{n \in w} x_n^w$）份额的比值，当 MRCA 大于等于 1 时，认为 l 城市对 n 市场具有比较优势，其计算式如下：

$$\text{MRCA}_n^l = \frac{x_n^l \big/ \sum_{n \in l} x_n^l}{x_n^w \big/ \sum_{n \in w} x_n^w} \tag{3.19}$$

二、出口关联网络的特征

表 3-7 和表 3-8 分别显示了 2001~2010 年中国出口产品关联均值和出口市场邻近均值排名前 10 位的城市，可以发现，出口产品关联前 10 位的城市在样本区间内比较稳定：北京、杭州、上海、金华、合肥、宁波、成都、常州、广州、无锡、东莞、江门、南通、青岛、南京、苏州、中山、福州、大连、天津、江门位列其中。这些城市大多数位于沿海经济发达地区，丰富的产品类别为当地企业进入国际市场提供了有益的经验，同时不断涌现的出口企业反过来又进一步提升了当地的"知识池"。在市场邻近方面，与产品关联有所不同，虽然样本区间排在前 10 位的也多为东部发达地区的城市，但北京、上海、广州、深圳超一线城市在有些年份却不在排名之内，而且排名前 10 位的城市变化相对较大，原因可能在于，相比出口产品类别多达 5000 多种，出口市场仅有 200 多个，城市在某些出口市场的变动可能对当地市场邻近带来较大波动，而北京、上海等超一线城市的企业出口涉及较为偏远的市场，这可能降低这些城市出口市场邻近的程度，反而是一些二三线城市企业出口主要面向于传统市场（如欧美市场），出口市场邻近度更高。

表 3-7 2001~2010 年中国出口产品关联均值排名前 10 位的城市

排名＼年份	2001	2002	2003	2004	2005	2006	2007	2008	2009	2010
1	北京	北京	杭州	金华	上海	金华	上海	东莞	上海	深圳
2	杭州	杭州	北京	上海	北京	杭州	青岛	上海	东莞	上海

续表

排名＼年份	2001	2002	2003	2004	2005	2006	2007	2008	2009	2010
3	上海	上海	上海	杭州	杭州	上海	杭州	深圳	大连	东莞
4	金华	常州	东莞	东莞	宁波	宁波	北京	苏州	苏州	苏州
5	合肥	宁波	金华	北京	南通	广州	东莞	北京	深圳	天津
6	宁波	东莞	宁波	宁波	金华	南京	宁波	金华	北京	青岛
7	成都	广州	合肥	南通	青岛	北京	金华	宁波	天津	中山
8	常州	金华	无锡	广州	常州	青岛	苏州	中山	青岛	大连
9	广州	无锡	常州	常州	南京	深圳	常州	福州	杭州	北京
10	无锡	江门	深圳	青岛	广州	常州	南京	大连	江门	杭州

表3-8　2001~2010年中国出口市场邻近均值排名前10位的城市

排名＼年份	2001	2002	2003	2004	2005	2006	2007	2008	2009	2010
1	盐城	邢台	宁波	无锡	宁波	荆州	湖州	温州	温州	宁波
2	天津	黄冈	台州	盐城	自贡	上海	北京	三明	金华	绍兴
3	临沂	温州	绍兴	台州	嘉兴	厦门	开封	绍兴	佛山	淄博
4	淮北	南通	长沙	淄博	西安	合肥	南京	深圳	中山	青岛
5	福州	运城	石家庄	绍兴	扬州	温州	太原	台州	宁德	南京
6	丽水	台州	武汉	杭州	合肥	盐城	临汾	玉林	绍兴	金华
7	合肥	随州	金华	德州	衡水	石家庄	金华	金华	南京	中山
8	扬州	佛山	临沂	石家庄	泰州	宁波	汕头	株洲	南通	济宁
9	杭州	绍兴	镇江	成都	温州	揭阳	镇江	青岛	福州	株洲
10	丽水	茂名	常州	嘉兴	厦门	芜湖	唐山	东莞	杭州	烟台

　　图3-5展示了企业出口产品关联和市场邻近的相关关系，可以发现，企业出口产品关联和市场邻近整体上呈正相关关系，这表明企业通过与当地企业相关联的出口产品和与当地企业相邻近的出口市场来获得出口知识及经验，两种途径之间是相辅相成的。通过出口关联网络学习邻近企业的出口经验，同时获取出口产品的技术外溢，降低了企业进行出口贸易的风险和成本。

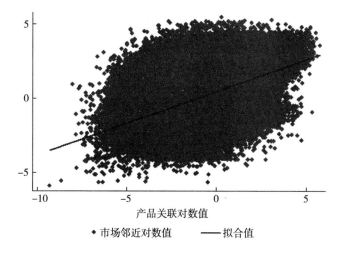

图3-5　企业出口产品关联和市场邻近（对数形式）的相关关系

本章小结

　　本章对协同创新网络和出口关联网络的概念进行了界定，系统比较了两种企业学习网络的联系和差异，基于企业专利申请数据和出口产品、市场数据，分别构建了协同创新网络和出口关联网络，并分析了两种企业学习网络的结构特征。主要结论如下：①企业可以通过协同创新网络和出口关联网络两种渠道学习其他企业的出口经验和技术，但两种学习网络在学习载体、学习成本、距离限制和网络类型等方面存在本质区别。②在样本区间内，中国专利申请和协同创新的数量整体上呈逐年增加趋势，而且增速不断加快，但受国际金融危机的影响，2007年协同创新数量略有下降。③中国各省份之间、各省份与各国之间以及各国之间的协同创新联系都越来越紧密，中国协同创新较密集的地区分别为京津地区、长江三角洲地区和珠江三角洲地区。美国、日本和欧盟等发达国家具有明显的技术研发优势，在整个协同创新网络中拥有较强的控制力和影响力，但协同创新网络逐渐向"遍地开花"的格局转变。④协同创新网络中的节点和边的数量都在增加，但新加入的节点并未与网络中已有的节点建立广泛的联系，从而稀释了协同创新网络的密度。协同创新网络的核心节点主要为大型集团公司及其旗下的子公司和分公司、国内知名大学、科研院所和垄断资源行业企业。⑤产品关联和市场邻近均值较大的城市主要集中在东部沿海地区。企业出口产品关联和市场邻近呈正相关关系，企业通过与当地企业相关联的出口产品和相邻近的市场来获取出口技术经验，两种途径相辅相成。

第四章 协同创新网络与企业出口绩效

第一节 引言

经济全球化加速了世界范围内技术的创新、流动和融合，国内外市场竞争日益严峻，企业只有不断研发创新才能跻身世界舞台（汤二子和孙振，2012）。然而，随着全球价值链分工迅速由"产业内"向"产品内"深化，生产过程的组织和管理被分割为不同的"任务和活动"，技术的复杂性意味着任何一家企业可以在某些领域处于前沿地位，但不会在所有方面都领先（戈伊尔，2010）。协同创新（Collaborative Innovation）是指围绕创新目标，多主体、多元素共同协作、相互补充、配合协作的创新行为。在协同创新过程中，企业、大学和科研院所之间自发地形成了一种非正式的合作网络，成为推动科技经济融合发展的战略措施，是促进科技成果迅速转化为生产力的有效途径（陈伟等，2012）。那么，中国企业、大学和科研院所之间的协同创新网络如何分布？企业在协同创新网络中的地位是否影响其出口绩效？协同创新网络对异质性企业出口绩效的影响是否存在差异？回答这些问题对中国创新战略的实施和企业出口的优化升级具有重要意义。

鉴于此，本章将 Goyal 和 Joshi（2003）的分析框架拓展到异质性企业向国际市场出口的情形，基于 1999~2007 年中国联合申请专利数据构建了 1999~2001

年、2002~2004 年及 2005~2007 年三个时期的协同创新网络，利用社会网络方法分析了企业、大学和科研院所之间的协同创新网络的格局演化，实证检验了企业在协同创新网络中的地位对其出口份额的影响，并进一步拓展检验了"校企"和"企企"模式的协同创新对企业出口的影响，企业在协同创新网络中的地位对其出口国内增加值率的影响，以及协同创新网络地位对异质性企业出口影响的差异。

第二节　理论框架和研究方法

一、理论框架

现有研究一般认为，相比研发投入、新产品、TFP 的增长，专利申请作为创新产出指标能够更好地测度企业的创新行为（李兵等，2016）。在中国情境下，由于经营目标、外部经营环境和内部管理机制等方面的巨大差异，所有制类型、行业特征等异质性对企业创新的影响很大（王华等，2010）。而在全球价值链分工背景下，企业间的竞争是在全球配置创新资源能力的竞争。为了分析协同创新网络演化及其对中国企业出口影响的内在机制，本章将 Goyal 和 Joshi（2003） 对合作研发的分析框架拓展到异质性企业向国际市场出口的情形：

第一阶段，企业对是否与其他企业建立协同创新的双向关联进行博弈，企业 i 宣布其策略集为 $S_i = \{s_{i1},\ s_{i2},\ \cdots,\ s_{in}\}$，形成协同创新网络 $g（s）$。$N_i（g）$ 表示企业 i 与之建立合作关联的节点集合，$\eta_i = |N_i（g）|$ 为企业 i 建立协同创新关联数。假设每个企业生产分为 K 个部分，企业 i 的 k 部分生产成本为 $c_{i,k}$，边际生产成本为 $C_i = \sum_{i=1}^{K} c_{i,k}$。$k$ 部分生产成本有两种取值 c^H 和 c^L，且 $c^H > c^L$。由于生产专业化，每个企业仅有 1 个 $\hat{k}$ 使得 $c_{i,\hat{k}} = c^L$，这样协同创新的 2 个企业都能节约成本 $\gamma = c^H - c^L$，因此企业 i 的边际生产成本是协同创新关联数的减函数：

$$C_i（g） = \gamma_i - \gamma \eta_i（g） \tag{4.1}$$

其中，γ_i 服从 $\mu（\gamma_i）$ 的概率密度分布，表示企业在没有协同创新时的边际生产成本，反映了企业生产能力的异质性，r_i 越低表明企业的生产能力越强，生产成本越低。γ 外生不变，代表每个协同创新关联降低的边际生产成本。

第二阶段，每个企业通过选择出口量进行竞争，出口拥挤导致企业出口价格下降（叶宁华等，2014），假定企业面临向右下方倾斜的国际市场价格曲线：$P = \alpha - Q - \overline{Q}$，其中，$P$ 表示国际市场价格，Q 表示协同创新企业的总产量，$\overline{Q}$ 表示未协同创新企业出口到国际市场的总量，$\overline{Q}$ 外生不变。协同创新企业 i 的利润为：$\Pi_i = (P - C_i) q_i T^{-1} - \eta_i(g) m$，其中，$T$ 表示国际贸易的冰山成本，m 表示企业协同创新的固定成本。定义 $L(g_{-i}) = \sum_{j \in N} \eta_j(g) - 2\eta_i(g)$，表示协同创新网络中除企业 i 之外其他企业的关联总数。可以求得均衡产量为：

$$q_i = \frac{(\alpha - \overline{Q}) - \gamma L(g_{-i}) + (n-1)\gamma\eta_i(g)}{n+1} + (\overline{\gamma} - \gamma_i) \tag{4.2}$$

其中，$\overline{\gamma} = (n+1)^{-1} \sum_{i=1}^{n} \gamma_i \mu(\gamma_i)$，表示企业的加权平均生产能力，即在没有协同创新的情况下，n 家企业的加权平均边际生产成本，企业 i 的均衡利润为：

$$\Pi_i = \left(\frac{(\alpha - \overline{Q}) - \gamma L(g_{-i}) + (n-1)\gamma\eta_i(g)}{n+1} + (\overline{\gamma} - \gamma_i) \right)^2 T^{-1} - \eta_i(g) m$$

$$\tag{4.3}$$

由式（4.3）可知，给定协同创新网络 g，增加一个关联的边际收益为：

$$2T^{-1}(n+1)^{-2}(n-1)\gamma(\alpha - \overline{Q} - \gamma L(g_{-i}) + (n-1)\gamma\eta_i(g) + (n+1)(\overline{\gamma} - \gamma_i)) - m$$

$$\tag{4.4}$$

由式 4.2、式 4.3 可以发现，企业市场份额和利润随自身协同创新数量的增加而增加，随其他企业协同创新数量的增加而减少。这一结论背后的基本经济学逻辑是：一方面，企业通过协同创新可以分享知识和技术，从而降低生产成本，提高企业在出口市场的竞争力，获得更大的市场份额和利润；另一方面，由于技术和经验的外溢，企业 i 和企业 j 的研发成果可能被与企业 i 或企业 j 协同创新的伙伴间接利用，即被其他关联企业免费"搭便车"，从而降低了企业 i 和 j 相对其他企业的竞争力，企业市场份额和利润随其他企业协同创新数量的增加而减少。企业谋求相互之间竞争与互补关系的平衡点，通过协同创新网络实现"1+1>2"的协同合力。由式 4.4 不难发现，企业从协同创新关联获得的边际收益，随自身协同创新数量的增加而增加，随其他企业协同创新数量的增加而减少。

据此可以得到以下理论假设：

假设 1：处于协同创新网络核心地位的企业拥有更多关联，生产成本更低，出口市场份额越大。

假设 2：协同创新网络核心节点从协同创新关联中获得更多的边际收益。

$(\bar{\gamma}-\gamma_i)$ 是在没有协同创新的情况下，平均生产成本与企业边际生产成本的差值，反映了企业异质性生产能力，生产率越高的企业边际生产成本越低，$(\bar{\gamma}-\gamma_i)$ 也就越大。由式 4.2 和式 4.3 可知，$(\bar{\gamma}-\gamma_i)$ 越大，企业市场份额和利润越大，协同创新带来的边际收益越大；由式 4.4 可知，$(\bar{\gamma}-\gamma_i)$ 越大，企业每增加一个关联的边际收益也越大，从而得到以下假设：

假设 3：在协同创新网络中，企业生产率越高，其出口额越大，协同创新对其出口的促进作用越强。

二、研究方法与核心指标

根据社会网络研究方法，企业是协同创新网络中的节点，企业间联合申请专利关系是网络中的边。我们利用邻接矩阵 $g=[g_{ij}]$ 表示协同创新网络中企业间的关联情况，如果企业 i 和企业 j 存在协同创新关联，则 $g_{ij}=g_{ji}=1$，否则 $g_{ij}=g_{ji}=0$；利用权重矩阵 $w=[w_{ij}]$ 表示协同创新网络中企业间关联的强弱，其中 $w_{ij}=w_{ji}$，w_{ij} 的值等于企业 i 和企业 j 联合申请专利的数量。

网络中心性是衡量节点在网络中重要程度的关键变量（马述忠等，2016），一般用以考察个体在网络中的枢纽程度和对资源获取与控制的能力（Wasserman and Faust，1994）。Freeman（1979）提出权度中心性、中介中心性、特征向量中心性等指标，它们能从不同角度反映节点在网络中所起的作用以及所处的地位。为了综合考察企业在协同创新网络中与其他节点的关联情况，检验本章所提出的理论假设，本章分别选取了权度中心性、中介中心性和特征向量中心性测度了企业在协同创新网络中的地位，具体计算公式参见第三章第二节。

三、数据来源与处理

本章的数据来源：一是 2000～2007 年中国工业企业数据库。中国工业企业数据库提供了企业层面的生产数据和出口交货值，由于该数据库包含了一些错误信息的企业，本章参照 Feenstra 等（2014）的做法删除了流动资产高于总资产、固定资产高于总资产、企业编码缺失、企业成立年份错误的观测样本。二是1996~2007 年的专利数据，来自《中国专利数据库文摘 1985—2012（光碟版）》，具体处理方法参见第三章第二节。

本章根据企业名称和年份将中国工业企业数据库和中国专利数据库进行匹配。为了提高匹配成功率，笔者参考 He 等（2016）的做法，对两个数据库中的名称进行了预处理：①将名称中所有全角字符转化为半角字符；②删除了名称中的标点符号（包括括号、引号、分号等）；③将汉字数字替换为阿拉伯数字，即将"零、一、二，…，九"替换为"0、1、2，…，9"。

尽管年份越近的数据对于现实情况越具有指导意义，但考虑到一是 2007 年以后制造业规模以上企业的数据质量较差，存在大量的数据丢失和错误等情况（余淼杰和李晋，2015）；二是专利从申请到公开一般需要 18 个月，2010 年以后的专利数据并不完全，为了保证数据的准确性和一致性，本章实证分析使用的是1999~2007 年的数据。此外，本章将时期 I（1999~2001 年）企业在协同创新网络中的地位指标与 2000 年中国工业企业数据库的企业特征变量相匹配，时期 II（2002~2004 年）企业在协同创新网络中的地位指标同 2003 年相匹配，时期 III（2005~2007 年）企业在协同创新网络中的地位指标同 2006 年相匹配。这样做是因为考虑到专利申请是创新产出指标，而企业在联合申请专利的时间点前后都可能与协同创新伙伴具有关联。

第三节 实证分析与稳健性检验

一、特征事实

表 4-1 列示了 1999~2007 年协同创新网络整体结构特征在 3 个时期的演化。可以发现，中国协同创新网络的规模在不断扩大。从时期 I（1999~2001 年）至

时期Ⅲ（2005~2007年），节点数量由3462个增加到7229个，边数量由2590条增加到6464条，这表明越来越多的企业、大学和科研院所加入协同创新网络中，各主体间协同创新的频次也在逐渐提高。平均度和平均加权度分别由1.496和4.536上升到1.788和5.341，这表明协同创新网络中个体关联的广度和强度都在增加。也就是说，平均每个单位联合申请专利的伙伴和与每个伙伴平均联合申请专利的数量都越来越多。平均路径长度和网络直径分别由7.940和22下降到5.909和18，这表明中国协同创新网络中个体间的距离越来越短，在时期Ⅲ，2家企业平均通过不到6家企业就可以建立联系，远低于网络中个体的数量。换言之，协同创新网络具有明显的"小世界"特征，企业、大学和科研院所不仅能够直接从协同创新中获得收益，还能够通过协同创新网络分享其他个体协同创新的收益，即协同创新网络具有明显的外部性。平均聚类系数从0.011提高到0.037，这表明某个体的两个协同创新伙伴间也是协同创新伙伴的概率逐渐增加。也就是说，协同创新网络中相互关联"三元闭包"的数量越来越多，增加了协同创新个体间的信任，因为同某共同伙伴建立关联的风险要比直接建立关联更小，"三元闭包"促进了个体间的知识溢出并使网络结构更加稳固（Broekel and Boschma，2012）。

图密度和模块度分别由0.0004和0.948下降到0.0002和0.924，联通片区数由958个上升到1471个，虽然节点数和边数表明网络规模逐渐增大，但是网络却逐渐稀疏，划分为越来越多的离散片区。由图4-1可以发现，从时期Ⅰ至时期Ⅲ，虽然联通片区节点数的核密度估计曲线逐渐右移，即联通片区的规模越来越大，但大多数片区仍然只包括两个节点，与其他个体隔绝，两两之间的协同创新占据了较大的比重。值得注意的是，最大片区节点的数量由1080个增加到3625个，占所有节点的比重由31.2%增加到50.14%。也就是说，尽管协同创新网络划分为许多片区，但其中存在一个包含了大多数节点的"联通巨片"，而且"联通巨片"的规模逐渐增大。可以推断，协同创新网络中的"联通巨片"几乎是唯一的，因为假设网络中存在两个巨片，如果两个巨片成千上万个节点中的某两个创新主体间偶然建立了关联，那么这两个巨片就形成了一个更大的"联通巨片"。

表 4-1 1999~2007 年协同创新网络整体结构特征

时期	T = I	T = II	T = III	时期	T = I	T = II	T = III
节点数量（个）	3462	5876	7229	图密度	0.0004	0.0003	0.0002
边数（条）	2590	4974	6464	模块度	0.948	0.926	0.924
平均度	1.496	1.693	1.788	联通片区数（个）	958	1321	1471
平均加权度	4.536	5.142	5.341	平均聚类系数	0.011	0.033	0.037
网络直径	22	21	18	平均路径长度	7.940	6.185	5.909
最大片区节点数（个）	1080	2692	3625	同配性	−0.075	−0.087	−0.104

注：时期 I 为 1999~2001 年，时期 II 为 2002~2004 年，时期 III 为 2005~2007 年，下同。

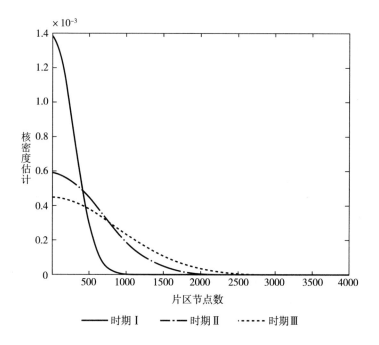

图 4-1 协同创新网络片区节点数的核密度动态演进

同配性由 −0.075 下降到 −0.104，这表明中国协同创新网络具有异配特征，即权度中心性大的节点越倾向于与权度中心性小的节点相连，而且异配特征在逐渐增大。网络通常具有明显的核心—边缘结构，少数节点具有大量的关联，处于协同创新网络的核心位置，其他节点具有少量关联，分布在网络的边缘。协同创新网络核心主体具有更雄厚的资本、技术、人才储备等，能够通过协同创新带来的优势互补获得更大收益，因此有更强动机进行协同创新，并且有能力对网络边缘企业进行转移支付，从而鼓励边缘企业加入协同创新网络，上述结果较好地验证了本书提出的研究假设4。

表4-2列示了1999~2007年协同创新网络3个时期的权度中心性、中介中心性和特征向量中心性排名前10位的组织机构。可以发现，在权度中心性方面，中国企业只有海尔集团公司进入前10位，海信在时期Ⅱ进入排名，其中最多的是日本企业（如松下、博道、东芝等），这表明中国企业协同创新的强度相对较低，而日本知识产权战略的重要内容之一是加强本国企业在海外专利权的实施与保护，中国是日本企业重要的海外目标市场（何隽，2010），因此大量日企在中国协同创新网络中处于核心地位。值得注意的是，海尔集团从时期Ⅰ到时期Ⅲ都不在最大的联通片区内，其大量的协同创新均是同海尔旗下公司（如青岛海尔空调器有限总公司、海尔电器国际股份有限公司）进行的。一方面，企业对其他企业的能力并不完全清楚，协同创新可能获得的利益是不确定的；另一方面，协同创新还可能带来"搭便车"和技术潜在溢出，即合作企业可能付出的努力不均等，而创新成果又可能被其他间接合作的企业吸收。集团内部研发能保证技术秘密和技术独享，许多大型集团公司都选择与其分公司或子公司联合研发（如东芝泰格有限公司、东芝医疗系统株式会社等），这在一定程度上保持了企业的技术领先和竞争优势，但也可能在客观上阻碍技术的交流与融合。清华大学、复旦大学和浙江大学3所高校的权度中心性排在前10位，企业技术决策的不确定性很大，大学的作用在于帮助企业更准确地理解未来主导设计和主导技术路径的发展趋势（贺俊等，2011），高校在协同创新网络中更容易占据核心地位（Lissoni，2010）。在中介中心性方面，中国企业仅有中国石油化工集团公司（SG）、宝钢集团、华为技术有限公司3家企业排在前10位，而前10位有多家日本企业，这表明中国企业在协同创新网络中对技术的控制能力较弱。清华大学、中国科学院化学研究所、信息产业部电信传输研究所、上海交通大学、华东理工大学、浙江大学排在前10位，相较中国企业而言，中国的大学和科研院所在协同创新网络中发挥了重要的枢纽作用。大学、科研院所是区域创新的中心环节，不仅生产知识和技术，还发挥了创新"倍增器"的作用，为知识的传播提供了媒介，而且

为各种创新的跨界融合提供了平台（陈劲，2012）。在特征向量中心性方面，排在前10位较多的也是日本企业，中国的中国石油化工集团公司、宝钢集团、清华大学、浙江大学、华东理工大学也位列其中。相较日本企业，中国的企业、大学和科研院所协同创新合作伙伴的整体水平较低。

表4-2 1999~2007年节点中心性排名前10位的组织机构

排名	权度中心性			中介中心性			特征向量中心性		
	T=Ⅰ	T=Ⅱ	T=Ⅲ	T=Ⅰ	T=Ⅱ	T=Ⅲ	T=Ⅰ	T=Ⅱ	T=Ⅲ
1	海尔a	海尔a	海尔a	松下	松下	清华	清华	清华	丰田
2	复旦	三洋a	东芝a	清华	清华	丰田	松下	松下	清华
3	清华	清华	清华	Fujitsū	SJTU	SJTU	日立	索尼	浙大
4	松下	东芝a	海信	索尼	日立	松下	索尼	日立	松下
5	博道	Michelina	丰田	SG	ECUST	浙大	NEC	本田	SJTU
6	日立	Michelinb	浙大	ICCAS	三星	宝钢	Fujitsū	东芝a	本田
7	海尔b	海信	东芝b	索尼	索尼	华为	东芝a	NEC	宝钢
8	海尔c	本田	东芝c	RITT	本田	SG	丰田	丰田	ECUST
9	海尔d	三洋b	三洋a	SJTU	宝钢	三星	SG	三洋	住友
10	三洋a	日立	海尔d	NEC	丰田	日立	本田	SJTU	三星

注：海尔a代表海尔集团、海尔b代表青岛海尔空调器有限总公司、海尔c代表海尔电器国际股份有限公司、海尔d代表青岛海尔电冰箱股份有限公司，三洋a代表三洋电机株式会社、三洋b代表三洋电机空调株式会社，东芝a代表株式会社东芝、东芝b代表东芝泰格有限公司、东芝c代表东芝医疗系统株式会社，Fujitsū代表富士通株式会社，SG代表中国石油化工集团公司，ICCAS代表中国科学院化学研究所，RITT代表信息产业部电信传输研究所，SJTU代表上海交通大学，NEC代表日本电气株式会社，Michelina代表米其林技术公司，Michelinb代表米其林研究和技术股份有限公司，ECUST代表华东理工大学。

大学和科研院所是知识的主要生产者和提供者，对知识的传播、整合、流通起到重要作用，中国高校和科研院所产生大量知识（陈劲，2012）。表4-3展示了大学、科研院所之间的协同创新（研研）、企业之间的协同创新（企企）以及大学、科研院所与企业之间的协同创新（研企）的数量和占比。可以发现，企业之间的协同研发最多，其次是科研院所与企业之间，科研院所之间的协同创新比重最小，且科研院所与企业之间协同创新的比重在逐渐提高。企业创新的收益最直接，对市场需求的了解最充分，协同创新的动机也最强，但近年来"产学研"在中国创新系统中发挥了越来越重要的作用，特别是高度创新型企业作为行业中的技术领先者，往往也处于科学知识的前沿，这些企业更倾向于通过与大学建立正式的、特定的技术合作关系（贺俊等，2011）。而且，大学科技园及创业园、孵化器等各类科研中介机构也为"研企"模式协同创新搭建了广阔的平台。

表 4-3　1999~2007 年三种协同创新的数量和占比

合作研发类型	T = Ⅰ		T = Ⅱ		T = Ⅲ	
	数量（个）	占比（%）	数量（个）	占比（%）	数量（个）	占比（%）
研研	378	4.639	753	4.762	910	4.461
企企	5692	69.858	10808	68.345	12419	60.878
研企	2078	25.503	4253	26.894	7071	34.662

根据中国专利数据库中企业是否联合申请专利，本书将企业分为联合申请专利企业和未联合申请专利企业，然后分别计算两类企业的平均出口额和出口企业所占比重，结果显示，申请专利企业的样本数量与李兵等（2016）、王海成和吕铁（2016）研究的匹配结果相当，相较而言，联合申请专利企业的出口均值更高、出口企业的比重更大，这说明企业在协同创新网络中的地位与出口之间存在一定的正向关联，当然，更为精确的关系还有待做进一步检验（见表 4-4）。

表 4-4　1999~2007 年企业专利申请与出口情况

时期	申请专利企业数（家）	联合申请专利占比（%）	联合申请专利企业		未联合申请专利企业	
			出口均值	出口占比（%）	出口均值	出口占比（%）
T = Ⅰ	5400	3.481	16.4799	55.319	3.2696	43.477
T = Ⅱ	8903	4.616	26.8420	50.852	4.1583	43.641
T = Ⅲ	16984	4.216	53.0039	47.626	7.4028	43.232

二、基本估计

（一）计量模型设定

本书要论证的核心问题是企业在协同创新网络中的地位对企业出口绩效的影响，依据本书研究目标，在已有研究基础上将基本计量模型设定为：

$$lnextport_i^t = \alpha + \beta_1 lncentrality_i^t + \beta_2 lnselfdevelop_i^t + \gamma D + \eta_t + \lambda_l + \psi + \varepsilon_i^t \qquad (4.5)$$

其中，i 表示企业，t 表示年份，$lnextport_i^t$ 为企业 i 在 t 年出口额的对数，出口额数据是中国工业企业数据库中的"出口交货值"，由于企业可以通过中间代理商出口，以出口交货值反映出口额避免了估算企业实际出口的问题（张杰等，2013）。$lncentrality_i^t$ 为 t 年企业 i 在协同创新网络中地位，本章分别选取了权度中心性（DC）、中介中心性（BC）和特征向量中心性（EC）来反映企业在协同创新网络中的地位，另外还引入虚拟变量是否进行协同创新（co-develop），企业进行了协同创新取 1，否则取 0。$lnselfdevelop_i^t$ 为企业 i 在 t 年独自申请专利数的对数，D 为控制变量集，η_t 为年份虚拟变量，λ_l 为省份虚拟变量，ψ 为行业虚拟变量，ε_i^t 为随机扰动项。城市层面采用 Cluster 聚类处理。

控制变量集 D 中包含以下变量：企业全要素生产率（tfp）。目前，学术界一般采用半参数估计法（Olley-Pakes，简称 OP 方法）或非参数估计法（Levin-sohn-Petrin，简称 LP 方法）来测度企业全要素生产率，因为这两种方法能够对生产函数估计过程中产生的同时性偏差和选择性偏差进行修正。由于 OP 方法将企业投资额作为代理变量，会损失较多投资额为 0 的样本，且与 OP 方法相比，LP 方法能够更好地克服不可观测的 TFP 变动带来的内生性问题所导致的估计偏误。因此，本章采用 LP 方法估计企业全要素生产率（鲁晓东和连玉君，2012）。

企业存续年限（age）。以当年年份与企业成立年份的差值衡量企业的存续年份。企业的存续年限越长，出口经验越丰富，出口绩效可能越好，这一变量取对数。

企业规模（size）。异质性企业理论认为，大规模企业有明显的成本优势。与小企业相比，大规模企业拥有更充足的资金、更丰富的人力资本和更先进的技术，进而在出口过程中拥有更大的优势。本章为了减少统计误差，采用企业职工人数来衡量企业规模，这一变量取对数。

是否为外资企业（foreign）。内资企业和外资企业的研发模式不尽相同，在出口多元化过程中的动机、行为和模式也存在显著的差异，因此在实证分析中必须控制企业所有制类型，当企业注册资本中的外资所占比重较大时，foreign 取 1，否则取 0。相比企业注册类型，根据企业注册资本对所有制类型进行划分更加准确和可靠（Guariglia et al.，2011）。

政府补贴（subsidy）。政府补贴能够干预企业出口的比较优势，从而激励企业出口（张杰和郑文平，2015），本章采用了政府补贴金额的对数值，预期影响系数为正。主要变量的描述性统计如表 4-5 所示。

表 4-5　主要变量的描述性统计

变量	解释	样本数	均值	标准差	最小值	最大值
lnexport	出口交货值	31287	4.3122	5.0863	0	18.8394
lnDC	权度中心性	31287	0.0519	0.2880	0	7.3883
lnBC	中介中心性	31287	0.0111	0.1173	0	2.6890
lnEC	特征向量中心性	31287	0.0006	0.0058	0	0.3529
lnselfdevelop	独自研发专利数	31287	1.4992	0.9178	0	9.8186
tfp	全要素生产率	31287	4.1345	0.9541	0.7928	6.5817
size	企业规模	31287	5.5577	1.3453	2.3032	11.9932
age	企业存续年限	31287	11.7728	12.2793	0	57
foreign	是否为外资企业	31287	0.1037	0.3048	0	1
subsidy	政府补贴	31287	1.6218	2.8791	0	13.9749

（二）基本回归结果

表 4-6 列示了权度中心性的基本回归结果。列（1）的估计结果显示，在控制年份、省份和行业的情况下，企业进行协同创新可以使出口额增加 0.9571 个百分点。列（2）~列（3）显示，权度中心性每增加 1 个百分点，企业出口额增加 0.9759 个百分点，独自申请专利数每增加 1 个百分点，企业出口额增加 0.9684 个百分点。列（4）将权度中心性、独自申请专利数一起同企业出口额对数进行回归，发现二者回归系数仍然在 1% 的水平下显著为正。列（5）中加入企业特征控制变量，在其他条件不变的情况下，权度中心性、独自申请专利数依然在

1%的水平下显著为正。此处实证结果从经验上证明了协同创新的企业拥有更好的出口绩效，独自研发和协同创新都提升了企业出口表现，在协同创新网络中处于核心地位的企业占有更大的市场份额，上述检验结果较好地印证了研究假设1。

企业特征等控制变量的回归结果基本符合异质性企业相关理论。全要素生产率（tfp）影响系数为正，即生产率越高，生产边际成本越低，企业的国际竞争力越强，出口市场份额越大，即验证了本章的假设3。企业规模（size）影响系数为正，即规模越大的企业拥有更充足的资金、更丰富的人力资本和更先进的技术，进而在出口过程中拥有更大的优势。企业存续年限（age）影响系数为正，即企业的存续年限越长，经验越丰富，出口绩效越好。是否为外资企业（foreign）的影响系数为正，即外资企业对国际市场有更充分的了解，在出口过程中具有信息优势，出口绩效表现更好。即政府补贴（subsidy）的影响系数为正，即政府补贴能够提高企业出口的积极性，对出口绩效有促进作用。

表4-6 权度中心性的估计结果

解释变量	centrality = DC				
	(1)	(2)	(3)	(4)	(5)
co-develop	0.9571*** (0.1566)				
lncentrality		0.9759*** (0.1148)		0.9160*** (0.0985)	0.3457*** (0.1109)
lnself-develop			0.9684*** (0.0572)	0.9626*** (0.0590)	0.7146*** (0.0451)
tfp					0.1341*** (0.0397)
size					0.0002*** (0.0000)
age					0.0138** (0.0058)
foreign					2.7701*** (0.2097)
subsidy					0.1786*** (0.0272)
年份效应	Yes	Yes	Yes	Yes	Yes

续表

解释变量	centrality = DC				
	（1）	（2）	（3）	（4）	（5）
省份效应	Yse	Yes	Yes	Yes	Yes
行业效应	Yse	Yes	Yes	Yes	Yes
样本数	31287	31287	31287	31287	31287
R²	0.2141	0.2157	0.2408	0.2434	0.3025

注："＊＊＊""＊＊""＊"分别表示在1%、5%、10%的水平下显著，括号内为稳健标准误；下表同。

表4-7列示了以中介中心性和特征向量中心性反映企业在协同创新网络中地位时的估计结果。列（1）显示，在控制年份、省份和行业的情况下，中介中心性每提高1个百分点，企业出口增加3.4390个百分点。列（2）显示，将中介中心性、独自申请专利数一起同企业出口额对数进行回归，中介中心性在10%的水平下显著为正。列（3）在加入企业特征控制变量后，中介中心性影响系数仍在5%的水平下显著为正。列（4）显示，在控制年份、省份和行业的情况下，特征向量中心性每提高1个百分点，企业出口增加36.5787个百分点。列（5）将特征向量中心性、独自申请专利数一起同企业出口额对数进行回归，特征向量中心性影响系数在1%的水平下显著为正。列（6）在加入企业特征控制变量后，特征向量中心性影响系数仍在1%的水平下显著为正。这说明在协同创新网络中处于"枢纽"地位和拥有众多"高质量"伙伴的企业出口绩效更好。一方面，处于协同创新网络枢纽地位的企业对网络中技术、信息的流通具有更强的控制力，俘获网络中传播技术的可能性越大；另一方面，高质量合作伙伴掌握了网络中更多的资源，企业能够从协同创新中获得更多收益。

表4-7　中介中心性和特征向量中心性的估计结果

解释变量	centraliyt = BC			centrality = EC		
	（1）	（2）	（3）	（4）	（5）	（6）
lncentrality	3.4390＊＊＊	1.2816＊	1.3197＊＊	36.5787＊＊＊	29.5624＊＊＊	11.9951＊＊＊
	（1.3040）	（0.6780）	（0.6147）	（4.0867）	（3.7330）	（3.8052）

续表

解释变量	centraliyt＝BC			centrality＝EC		
	（1）	（2）	（3）	（4）	（5）	（6）
lnself－develop		0.9755***	0.6438***		0.9595***	0.7106***
		（0.1338）	（0.1314）		（0.0595）	（0.0449）
tfp			0.3991*			0.1360***
			（0.2250）			（0.0398）
size			0.0001***			0.0002***
			（0.0000）			（0.0000）
age			0.0227***			0.0139**
			（0.0077）			（0.0059）
foreign			2.0281**			2.7652***
			（0.9862）			（0.2091）
subsidy			0.1638***			0.1794***
			（0.0530）			（0.0273）
年份效应	Yes	Yes	Yes	Yes	Yes	Yes
省份效应	Yse	Yes	Yes	Yes	Yes	Yes
行业效应	Yse	Yes	Yes	Yes	Yes	Yes
样本数	31287	31287	31287	31287	31287	31287
R^2	0.3722	0.4125	0.4714	0.2145	0.2419	0.3023

三、稳健性检验

基本回归结果证实了企业在协同创新网络中的地位能够提升企业出口绩效，但可能存在估计方面的各种问题，本节将围绕基本回归中可能出现的极端值、内生性、数据设限等问题，对基本回归结果进行稳健性分析。

（一）可能出现的极端值

为了处理可能出现的极端值，笔者在表4-8中对列（1）出口额对数在1%水平上进行了双边缩尾处理，对列（2）出口额对数在1%水平上进行了双边截尾处理，列（3）剔除了北京、上海、天津、重庆4个直辖市的企业样本，原因在于：①直辖市的科研院所、科研设施和科研人才相对集中，企业在协同创新网络中的关联更为密集。②直辖市特殊的地位有助于其在央地博弈中争取到更多的国家级科研项目，而重大项目通常需要多个科研单位、企业协同完成，从而增加了协同创新网络的稠密程度。列（3）的估计结果显示，虽影响系数的大小有所变化，但权度中心性对数、独自申请专利对数都显著为正。

（二）基于每年专利申请数据构建网络

本章在基本回归中，分3个时期构建协同创新网络，为避免网络构建方法对回归结果产生影响，表4-8列（4）中以每一年联合申请专利数据构建协同创新网络，测度企业各年在协同创新网络中的地位，先控制企业各年的特征，再与相应年份的出口额对数进行回归。结果显示，权度中心性对数和独自申请专利对数的影响系数均显著为正，这说明本章的基本结论稳健可靠。权度中心性对数和独自申请专利对数的影响系数略大于基本估计结果，这表明与联合申请专利前后一年相比，在申请专利的当年。协同创新和独自创新对企业的出口绩效影响更大。

表4-8　稳健性检验（Ⅰ）

解释变量	（1） ln_ export 双边缩尾1%	（2） ln_ export 双边截尾1%	（3） 剔除 直辖市	（4） 各年数据 构建网络
lncentrality（=DC）	0. 3457*** （0. 1109）	0. 2358*** （0. 0519）	0. 2661** （0. 1191）	0. 3662** （0. 1575）
lnself-develop	0. 7146*** （0. 0451）	0. 2682*** （0. 0194）	0. 7208*** （0. 0606）	0. 7984*** （0. 0437）
tfp	0. 1341*** （0. 0397）	0. 3369*** （0. 0194）	0. 1113*** （0. 0418）	0. 1436*** （0. 0466）
size	0. 0002*** （0. 0000）	0. 0001*** （0. 0000）	0. 0002*** （0. 0000）	0. 0002*** （0. 0000）
age	0. 0138** （0. 0058）	0. 0004 （0. 0014）	0. 0129** （0. 0060）	0. 0354*** （0. 0035）
foreign	2. 7701*** （0. 2097）	0. 3556*** （0. 0666）	2. 4138*** （0. 1864）	2. 6625*** （0. 2636）
subsidy	0. 1786*** （0. 0272）	0. 0633*** （0. 0095）	0. 2103*** （0. 0163）	0. 1864*** （0. 0178）
年份效应	Yes	Yes	Yes	Yes
省份效应	Yes	Yes	Yes	Yes
行业效应	Yes	Yes	Yes	Yes

解释变量	（1） ln_ export 双边缩尾 1%	（2） ln_ export 双边截尾 1%	（3） 剔除 直辖市	（4） 各年数据 构建网络
样本数	31287	12763	23624	29676
R^2	0.3025	0.3007	0.3150	0.3246

注：由于 2004 年中国工业企业数据库中无出口交货值数据，列（4）样本包含了 2000~2003 年、2005 年、2006 年的数据。

（三）内生性问题

基本回归可能的潜在内生性问题是，企业出口绩效可能与其在协同创新网络中的地位之间存在双向因果关系。李兵等（2016）的研究认为存在"出口引致创新"，即出口企业在"边出口，边学习"（Learning by Exporting）的过程中获得自主创新能力，或企业受到出口后的国际市场压力而进行创新。因此，企业出口状况可能会影响其在协同创新网络中的地位。针对内生性问题，寻找合适的工具变量是目前学术界普遍认可的处理方法。为了更准确估计企业在协同创新网络中的地位对其出口绩效的影响，本章分别采用了滞后变量法、滞后一期工具变量法。

一是滞后变量法。如果模型误差项时间相关性较弱，扰动仅由本期决定，那么可以用滞后一期企业在协同创新网络中的地位指标替代当期指标（Wooldridge，2010），即：

$$\text{lnexport}_i^t = \alpha + \beta_1 \text{lncentrality}_i^{t-1} + \beta_2 \text{lnselfdevelop}_i^t + \gamma D + \eta_t + \lambda_1 + \psi + \varepsilon_i^t \tag{4.6}$$

如果 $\text{lncentrality}_i^t = \text{lncentrality}_i^{t-1} + \varepsilon_i^t$，$E(\text{lncentrality}_i^t \varepsilon_i^t) = 0$，则排除了本期企业出口状况会对其在协同创新网络中的地位产生影响。表 4-9 列（1）中，本章用滞后一个时期的协同创新网络地位指标替代当期指标[1]，结果显示，权度中心性滞后一期影响系数在 10%的水平下显著为正，其他控制变量回归系数与基本回归结果也无明显差异。为了对滞后一个时期协同创新网络地位指标是否外生进行检验，本章利用估计结果计算得到残差值，再用滞后一期变量对残差值进行回归发现，并不显著，表明不存在时间上的持续因素同时影响当期出口额和滞后一期

---

[1] 本章构建了 1996~1998 年的企业协同创新网络，用于计算时期 Ⅰ（1999~2001 年）滞后一期协同创新网络的地位指标。

协同创新网络权度中心性。

二是滞后一期工具变量。本章采用滞后一期企业在协同创新网络中的地位指标作为工具变量，这样既可以保证工具变量和企业出口绩效之间显著相关，又能保证工具变量相对于企业出口绩效的外生性。为了保证工具变量合理可靠，我们首先基于 Wald 统计量来检验其是否与内生的回归因子相关，然后检验工具变量与 $centrality_i^t$ 是否存在弱相关，如弱相关存在，则估计可能失效。检验结果显示滞后一期企业在协同创新网络中的地位指标作为工具变量是合理的。表4-9 中列（2）显示了两阶段最小二乘法第二阶段的估计结果，可以发现权度中心性对数影响系数在10%的水平下显著为正。

（四）数据设限问题

由于较多申请专利企业的出口值为 0，也就是被解释变量属于设限数据（Censored Data），可能造成估计结果的偏差（Yu，2009；伍德里奇，2015）。为此，本章尝试采用 Tobit 模型分析协同创新对企业出口绩效的影响，其模型设定如下：

$$lnextport_i^{t*} = \alpha + \beta_1 lncentrality_i^t + \beta_2 lnselfdevelop_i^t + \gamma D + \eta_t + \lambda_1 + \psi + \varepsilon_i^t \qquad (4.7)$$

$$lnextport_i^t = max(0, lnextport_i^{t*}) \qquad (4.8)$$

Tobit 模型左设限区间估计结果如表4-9 列（3）所示，在10%的水平下权度中心性对数影响系数显著为正，企业在协同创新网络中越处于核心地位，越有助于企业出口。此外，Silva 和 Tenreyro（2006）提出修正后的泊松伪最大似然法（Poisson Pseudo-Maximum-Likelihood，PPML）能够修正大量贸易零值带来的估计偏误，并证明该方法能够在异方差存在的情况下提供一致估计量。表4-9 列（4）PPML 模型的回归结果显示，在1%水平下权度中心性对数和独自研发对数影响系数显著为正。

此外，考虑到较多企业的出口值为 0，本章将企业出口划分为两步，第一步企业选择是否出口，第二步企业决定出口额。根据 Heckman 两步法的分析思路，构建第一步的选择方程如下：

$$ex_i^t = \gamma_0 + \gamma_1 tfp_i^t + \gamma_2 size_i^t + \gamma_3 age_i^t + \gamma_4 foreign_i^t + \gamma_5 subsidy_i^t + \gamma_6 finance_i^t + \varepsilon_i^t \qquad (4.9)$$

其中，虚拟变量 ex_i^t 表示企业是否出口；选择方程解释变量包括企业的全要素生产率（tfp）、企业规模（size）、企业存续年限（age）、是否为外资企业

（foreign）、政府补贴（subsidy）和融资约束（finance），用于控制企业在出口决策中的自我选择效应。融资约束用应收账款与企业总资产的比值来表示，融资约束越小，企业参与出口的可能性越大（孙灵燕和李荣林，2012）。

表4-9列（5）显示了使用 Heckman 两步法的重新估计结果，可以发现在5%的显著水平下，权度中心性对数影响系数和独自申请专利数对数影响系数仍然为正。进一步地，本章对逆米尔斯比率的检验结果显著，这表明 Heckman 两步法是合理的。

总之，上述各稳健性检验的结果表明，本章基本回归得出的结论稳健可靠。

表4-9 稳健性检验（Ⅱ）

解释变量	（1）滞后变量	（2）滞后一期工具变量	（3）Tobit回归	（4）PPML估计	（5）Heckman两步法
L. lncentrality（=DC）	0. 2932 *（0. 1784）				
lncentrality（=DC）		0. 4817 *（0. 2702）	0. 4607 *（0. 2384）	0. 0461 *（0. 0258）	0. 1689 **（0. 0709）
lnself-develop	0. 7128 ***（0. 0555）	0. 7071 ***（0. 0538）	1. 2961 ***（0. 0998）	0. 1788 ***（0. 0111）	0. 2276 ***（0. 0220）
tfp	0. 1692 **（0. 0690）	0. 1647 **（0. 0669）	0. 1988 **（0. 0909）	−0. 0424 ***（0. 0154）	0. 5204 ***（0. 0326）
size	0. 0002 ***（0. 0000）	0. 0001 ***（0. 0000）	0. 0003 ***（0. 0001）	0. 0001 ***（0. 0000）	0. 0001 ***（0. 0000）
age	0. 0275 ***（0. 0043）	0. 0273 ***（0. 0042）	0. 0299 **（0. 0118）	0. 0011 ***（0. 0004）	−0. 0060 ***（0. 0016）
foreign	2. 4087 ***（0. 2793）	2. 4185 ***（0. 2741）	5. 2392 ***（0. 4340）	0. 5994 ***（0. 0433）	− 1. 3025 ***（0. 1222）
subsidy	0. 1724 ***（0. 0227）	0. 1798 ***（0. 0221）	0. 3653 ***（0. 0558）	0. 0429 ***（0. 0071）	−0. 0496 ***（0. 0113）
年份效应	Yes	Yes	Yes	No	Yes
省份效应	Yes	Yes	Yes	No	Yes
行业效应	Yes	Yes	Yes	No	Yes
样本数	8970	8970	31287	31287	31287

解释变量	（1） 滞后变量	（2） 滞后一期 工具变量	（3） Tobit 回归	（4） PPML 估计	（5） Heckman 两步法
R^2 （Pseudo R^2）	0.3498	0.3579	0.0798	0.0086	—
mills λ					-3.6997^{***} （0.1921）
Wald chi2 Prob>Chi2	—	—	—	—	2887.47 （0.0000）
截尾样本量 未截尾样本量					18128 13159

第四节　扩展检验结果与分析

本节进一步拓展了本章的基本估计，分别实证检验了"研企研发"和"企企研发"两种研发模式对企业出口的影响、协同创新网络对出口国内增加值率的影响、协同创新网络对异质性企业出口的影响，以期得到更细化的结论。

一、"研企"和"企企"协同创新对企业出口的影响

一般而言，企业与科研院所合作能够帮助企业更准确地理解未来主导设计和主导技术路径的发展趋势（贺俊等，2011），降低企业研发风险，提升企业出口绩效，但也可能因为协同创新的收益与产出或出口绩效脱钩，科研院所努力动机不足，导致"研企"模式协同创新效率偏低。本章将协同创新划分为科研院所之间的协同创新（研研）、企业之间的协同创新（企企）以及大学、科研院所与企业之间的协同创新（研企）三种，并实证检验"研企"和"企企"两种协同创新模式对企业出口的影响。表4-10列（1）和列（4）显示，在控制年份、省份、行业的情况下，"研企"协同创新每增加1%，企业出口增长1.0231%；"企

企"协同创新每增加1%，企业出口增长1.2878%。列（2）和列（5）将共同申请专利对数和独自申请专利对数一同与企业出口额对数进行回归，影响系数仍然在1%的水平下显著。列（3）和列（6）模型中加入企业特征控制变量的回归结果显示，在控制了年份、省份、行业和企业特征的情况下，科研院所与企业共同申请专利数量每增加1%，企业出口额增加0.3522%；企业与企业共同申请专利数量每增加1%，企业出口额增加0.3546%。也就是说，"研企"模式的协同创新对企业出口绩效的促进作用略低于"企企"模式的。

上述结果可能的原因在于：一是中国"研企"模式的协同创新对知识的商业化考虑不够，未能实现知识的增值。2001~2008年中国高校专利的转让率平均仅为8.8%，2004~2008年科技成果转让的收益只占科研经费的4.4%，而且逐年递减，2007年和2008年只占2.8%（陈劲，2012）。大量的研发成果不能转化为产业化应用技术，"研企"模式协同创新对企业出口的促进作用有限。二是未对企业、科研院所关于基本交易工具的权利进行清晰界定（贺俊等，2011）。尽管近年来中国不断加强知识产权保护，提出了协同创新过程中的企业和科研院所的权利和职责，但仍缺乏知识产权的有效保护、针对高校的技术入股制定特别条款的规定等手段，企业和科研院所在协同创新过程中获得的激励不足。

表4-10 "研企研发"和"企企研发"的估计结果

解释变量	"研企研发"			"企企研发"		
	（1）	（2）	（3）	（4）	（5）	（6）
lncentrality	1.0231***	0.9400***	0.3522**	1.2878***	1.0614***	0.3546***
	(0.1326)	(0.1189)	(0.1539)	(0.1555)	(0.1399)	(0.1280)
lnself-develop		0.9625***	0.7135***		0.9600***	0.7113***
		(0.0591)	(0.0450)		(0.0577)	(0.0448)
tfp			0.1352***			0.1356***
			(0.0397)			(0.0398)
size			0.0002***			0.0002***
			(0.0000)			(0.0000)
age			0.0139**			0.0139**
			(0.0059)			(0.0059)

续表

解释变量	"研企研发"			"企企研发"		
	（1）	（2）	（3）	（4）	（5）	（6）
foreign			2.7693*** (0.2100)			2.7633*** (0.2084)
subsidy			0.1789*** (0.0272)			0.1801*** (0.0273)
年份效应	Yes	Yes	Yes	Yes	Yes	Yes
省份效应	Yse	Yes	Yes	Yes	Yes	Yes
行业效应	Yse	Yes	Yes	Yes	Yes	Yes
样本数	31287	31287	31287	31287	31287	31287
R^2	0.2151	0.2428	0.3024	0.2145	0.2420	0.3022

二、协同创新网络对企业出口国内增加值率的影响

本章的基本估计证明了协同创新可以增加企业出口额，然而，在全球价值链分工背景下，"所见并非所得"，企业出口额并不能准确反映企业获得的利益。与出口的"绩"相比，更重要的是企业出口的"效"，也就是企业从贸易中获得的真实利得。既有文献证明，对微观企业层面出口国内附加值的测算，不仅能够精确反映企业参与垂直分工的程度，更是核算企业参与国际贸易真实利得的有效途径（张杰等，2013）。创新能够促使制造业结构高附加值化（傅元海等，2014），那么协同创新究竟为企业带来多少利益？协同创新是否提高了中国企业出口的国内附加值率？为了回答这些问题，本书参照 Upward 等（2013）、张杰等（2013）的做法，利用中国海关数据库和中国工业企业数据库测算了企业层面的出口国内增加值率，具体测算方法参见本书第七章第二节。

表 4-11 列示了协同创新网络对企业出口国内增加值率（DVAR）的影响的回归结果。列（1）显示，在控制了年份、省份和行业的情况下，是否协同创新影响系数在 10% 的水平下显著为正，协同创新的企业要比未协同创新企业出口国内增加值率多 0.0186%。列（2）显示，权度中心性对数对企业出口国内增加值率的影响系数并不显著。列（3）显示，在控制了年份、省份和行业的情况下，

企业独自申请专利数增加 1%，企业出口额增加 0.0100%。列（4）将权度中心性对数和企业独自申请专利对数一同对企业出口国内增加值率进行回归，并加入企业特征控制变量，权度中心性对数的影响系数仍然不显著，独自申请专利对数在 10% 的水平下显著。此实证结果表明企业独自创新促进了企业出口国内增加值率的提高，但协同创新对企业出口国内增加值率的促进作用并不显著，可能在于，协同创新主体出于技术保护的考虑，仅将非核心业务与合作伙伴协同创新，而对核心业务则采取独自研发的策略（Goyal et al.，2008），导致协同研发对提高企业参与国际贸易真实利得的作用较小。

表 4-11　协同创新网络对企业出口国内增加值率的影响

解释变量	centrality = DC			
	（1）	（2）	（3）	（4）
co-develop	0. 0186 * （0. 0098）			
lncentrality		0. 0052 （0. 0059）		−0. 0013 （0. 0065）
lnself-develop			0. 0100 *** （0. 0031）	0. 0057 * （0. 0030）
tfp				0. 0208 *** （0. 0031）
size				0. 0000 * （0. 0000）
age				0. 0011 *** （0. 0002）
foreign				−0. 0659 *** （0. 0084）
subsidy				0. 0046 *** （0. 0013）
年份效应	Yes	Yes	Yes	Yes
省份效应	Yse	Yes	Yes	Yes
行业效应	Yse	Yes	Yes	Yes
样本数	6445	6445	6445	6445
R^2	0. 2416	0. 2414	0. 2434	0. 2735

三、企业异质性检验

（一）协同创新网络的"联通片区"和"离散片区"

协同创新网络片区规模核密度估计显示，每个时期网络中都较少存在两个节点以上的联通片区（其中存在一个包括大量节点的联通巨片）和众多仅包括两个节点的离散片区。一方面，相比离散片区内的企业，联通片区内的企业具有更多关联，处于网络核心地位，能够从协同创新关联中获得更多的出口经验，协同创新能够更大程度地提升企业出口绩效；另一方面，联通片区内的企业具有较好的可达性，即企业可以通过协同创新伙伴的伙伴建立间接关联，能够享受其他企业协同创新带来的潜在技术溢出。表 4-12 中列（1）和列（2）列示了在联通片区和离散片区两类企业分组回归的结果，联通片区内企业权度中心性增加 1 个百分点，企业出口额增加 0.7484 个百分点；独自申请专利数增加 1 个百分点，企业出口额增加 0.5927 个百分点。离散片区内企业权度中心性影响系数并不显著；独自申请专利数增加 1 个百分点，企业出口额增加 0.7029 个百分点。这表明联通片区内企业，协同创新对企业出口的促进作用更强，离散片区内企业从协同创新中获得的收益有限，其出口绩效的提升主要依靠独自创新。

表 4-12　异质性检验

解释变量	（1） 联通片区	（2） 离散片区	（3） 高生产率	（4） 低生产率	（5） 外资	（6） 内资
lncentrality	0.7484 ** （0.3790）	0.4183 （0.3268）	0.4008 *** （0.1061）	0.2331 （0.1863）	0.3518 （0.3630）	0.3626 *** （0.1050）
lnself-develop	0.5927 *** （0.1823）	0.7029 *** （0.0461）	0.7184 *** （0.0511）	0.6652 *** （0.0504）	0.4369 *** （0.0893）	0.7651 *** （0.0478）
tfp	0.0775 （0.2905）	0.1324 *** （0.0394）	0.0104 （0.0760）	0.3496 *** （0.0730）	0.0020 （0.1216）	0.1270 *** （0.0419）
size	0.0001 *** （0.0000）	0.0003 *** （0.0000）	0.0002 *** （0.0000）	0.0002 *** （0.0000）	0.0002 * （0.0001）	0.0002 *** （0.0000）
age	0.0186 ** （0.0072）	0.0132 ** （0.0058）	0.0370 *** （0.0058）	0.0077 * （0.0043）	0.1160 *** （0.0257）	0.0133 ** （0.0056）

续表

解释变量	（1）联通片区	（2）离散片区	（3）高生产率	（4）低生产率	（5）外资	（6）内资
foreign	2.6072 ** (1.1290)	2.7723 *** (0.2050)	3.0053 *** (0.2035)	2.5082 *** (0.2338)		
subsidy	0.2288 *** (0.0613)	0.1710 *** (0.0273)	0.1570 *** (0.0269)	0.2032 *** (0.0276)	0.0617 (0.0388)	0.1891 *** (0.0293)
年份效应	Yes	Yes	Yes	Yes	Yes	Yes
省份效应	Yse	Yes	Yes	Yes	Yes	Yes
行业效应	Yse	Yes	Yes	Yes	Yes	Yes
样本数	686	30601	14918	16299	2950	28637
R^2	0.5160	0.3028	0.3088	0.3398	0.3188	0.2901

（二）企业生产率异质性

高生产率企业具有更丰富的知识储备，能够更好地转化协同创新成果（Imbriani et al.，2015），而且生产率高的企业能够跨过更多国家的"生产率门槛"，具有更大的出口范围（Eaton et al.，2016），因此高生产率企业的协同创新网络地位对其出口绩效的促进作用更大。本章根据企业生产率均值将样本分为"高生产率"和"低生产率"两组，表4-12中列（3）和列（4）显示了分组回归结果，可以发现，"高生产率"企业权度中心性每增加1%，企业出口额增加0.4008%；独自申请专利每增加1%，企业出口额增加0.7184%。"低生产率"企业权度中心性的影响系数并不显著；独自申请专利每增加1%，企业出口额增加0.6652%。这表明协同创新和独自创新对高生产率企业出口的促进作用更强。

总之，表4-12中列（1）~列（4）估计结果证实了本章的假设2和假设3，即协同创新网络核心企业和高生产率企业能够从协同创新关联中获得更多的边际收益。

（三）外资企业和内资企业

一方面，外资企业掌握了更多的国际市场信息，可能更好地将研发成果转化为出口；另一方面，外资在中国申请专利主要是为了加强本国企业在海外专利权的实施与保护，研发成果的出口转化率可能较低。表4-12中列（5）和列（6）显示了外资企业和内资企业分组回归的结果，外资企业权度中心性的影响系数并不显著；独自申请专利每增加 1%，企业出口额增加 0.4369%；内资企业权度中心性每增加 1%，企业出口额增加 0.3626%；独自申请专利每增加 1%，企业出口额增加 0.7651%。这表明协同创新和独自创新对内资企业出口的促进作用更强。外资企业创新之前就已处于"国外市场"，因此其出口绩效不会受到协同创新的影响（Sun and Hong，2011）。而且，从全球价值链角度来看，许多中国的外资企业将研发环节置于母国总部（李兵等，2016），在华申请专利仅是为了加强海外专利权的保护。

本章小结

本章基于异质性企业理论拓展了 Goyal 和 Joshi（2003）的分析框架，利用联合申请专利的大样本数据构建了 1999~2007 年中国协同创新网络，通过社会网络方法分析了协同创新网络的拓扑结构和企业、大学和科研院所的网络地位，并实证检验了企业在协同创新网络中的角色及地位对异质性企业出口绩效的影响，得出了以下结论：①中国协同创新网络的规模在不断扩大，网络存在明显的核心—边缘结构，少数节点具有大量的关联，处于协同创新网络的核心地位，其他节点具有少量关联，分布在网络的边缘。②协同创新的企业拥有更好的出口绩效，独自研发和协同创新都提升了企业出口表现，在协同创新网络中处于核心地位的企业占有更大的市场份额。③"研企"模式的协同创新比重在逐渐提高，但"研企"模式对企业出口绩效的促进作用略低于"企企"模式。④企业独自创新促进了出口国内增加值率的提高，但协同创新对提高出口国内增加值率的影响并不显著。⑤对于联通片区内企业、高生产率企业和内资企业，协同创新对企业出口额的促进作用更强。

第五章 协同创新网络、出口与企业价格加成

第一节 引 言

长期以来，中国实施的出口退税、政府补贴等出口导向政策无疑激励了企业走向国际市场，但也减弱了"选择效应"对高效企业的筛选，资源错配促使大量出口企业涌入国际市场，"低价竞争、数量取胜"成为出口企业的占优策略，从而加剧了要素市场和产品市场的恶性竞争，形成了出口企业的"低加成率陷阱"（刘啟仁和黄建忠，2015）。创新研发能够提高企业的生产率，降低边际生产成本，进而提升企业的价格加成（Atkeson and Burstein，2008）。由于技术研发的排他性，现有研究一直关注企业独自研发对自身绩效的影响。然而，任何一家企业可以在某些领域处于前沿地位，但不会在所有方面都领先（戈伊尔，2010）。特别是随着全球价值链分工迅速由"产业内"向"产品内"深化，生产过程的组织和管理被分割为不同的"任务和活动"，企业被吸入全球生产网络。面对国内和国际市场的严酷竞争，一个被忽视的潜在可能是，企业通过选择协同创新来降低创新研发的风险和成本，从而提高价格加成。党的十八大明确提出"要坚持走中国特色自主创新道路，以全球视野谋划和推动创新，提高原始创新、集成创新和引进消化吸收再创新能力，更加注重协同创新"。党的十九大报告指出"突

破利益固化的藩篱，吸收人类文明有益成果"。在协同创新过程中，企业、大学和科研院所之间自发地形成了一种非正式的合作网络，成为推动科技经济融合发展的战略措施，是促进科技成果迅速转化为生产力的有效途径（陈伟等，2012）。那么，中国企业、大学和科研院所之间的协同创新网络如何分布？企业在协同创新网络中的地位是否影响了其价格加成？协同创新网络对出口和非出口企业价格加成的影响是否存在差异？回答这些问题对于中国创新战略的实施和出口企业提升国际市场影响力具有重要意义。

鉴于此，本章在 Goyal 和 Joshi（2003）的基础上，构建了企业间价格竞争模型，分析了企业之间协同创新对价格加成的影响，以及出口发挥的调节效应。在此基础上，笔者利用 1999~2007 年中国专利申请数据库构建了企业与科研院所之间的协同创新网络，利用社会网络中心性指标测度了企业在协同创新网络中地位；根据 De Loecker 和 Warzynski（2012）的方法测算了企业微观层面的价格加成，基于专利申请和中国工业企业数据库的匹配数据实证检验了协同创新对企业价格加成的影响，并构建了调节效应模型分析协同创新对出口企业和非出口企业价格加成的影响差异。

第二节　理论框架和研究方法

一、理论框架

在第四章中，我们借鉴 Goyal 和 Joshi（2003）的模型，讨论了协同创新网络中的企业通过选择产量来竞争的情形。然而，现实中企业之间更重要的是价格竞争，即根据竞争对手的定价策略来变动价格，从而实现利润最大化。因此，我们在本章中拓展了 Goyal 和 Joshi（2003）的研究，进一步讨论了协同创新网络中的企业通过选择定价策略进行竞争的情形，以及企业在协同创新网络中的地位和出口对其价格加成的影响。第一阶段，企业对是否与其他企业建立协同创新的双向关联进行博弈的过程与第四章第二节的设定相同，因此企业 i 的边际生产成本是协同创新关联数的减函数：

$$C_i(g) = \gamma i - \gamma \eta_i(g) \tag{5.1}$$

第二阶段，每个企业通过选择价格进行竞争，企业间的产品可以相互替代，假定企业 i 面临的需求是自身定价的减函数，是其他企业平均价格的增函数：

$$q_i = \alpha - p_i + \frac{\left(\sum_{j \neq i} p_j\right)}{n - 1} \tag{5.2}$$

企业 i 的利润函数为：

$$\pi_i = (p_i - C_i)q - \eta_i(g)m = (p_i - C)\left(\alpha - p_i + \left(\sum_{j \neq i} p_j\right) / n - 1\right) - \eta_i(g)m,$$

m 为企业协同创新的固定成本。当 $\frac{\partial \pi_i}{\partial p_i} = 0$ 时，企业 i 实现利润最大化的条件为：

$$\alpha - p_i + \left(\sum_{j \neq i} p_j\right) / n - 1 - p_i + C_i = 0 \tag{5.3}$$

根据 n 个企业的利润最大化条件，可以求得企业 i 的均衡价格为：

$$p_i = \frac{n-1}{2n-1}\alpha + \frac{1}{2n-1}\left(n\alpha + \sum_{j \neq i} C_j\right) + \frac{n}{2n-1}C_i \tag{5.4}$$

企业 i 的价格加成可表示为：

$$markup_i = \frac{p_i}{C_i} = \frac{\left(\dfrac{n-1}{2n-1}\alpha + \dfrac{1}{2n-1}\left(n\alpha + \sum_{j \neq i} C_j\right)\right)}{\left(\gamma_i - \gamma \eta_i(g)\right)} + \frac{n}{2n-1} \tag{5.5}$$

由式 5.5 可得 $\partial markup_i / \partial \eta_i(g) > 0$，据此可以得到研究假设 1：处于协同创新网络核心地位的企业拥有更多合作关联，边际成本更低，成本加成更高。

对出口企业而言，进入国际市场需要支付更高的固定成本，因此，通过"选择效应"出口的企业具有更高的生产率（Melitz, 2003；Melitz and Ottaviano, 2008），而且出口企业同时面临来自国际和国内市场的竞争（Chen et al., 2009），从而"竞争效应"能够促使企业通过协同创新节约更多的成本 κ，假定出口企业的边际生产成本为：

$$C_i(g) = \gamma_i - (\gamma + \kappa)\eta_i(g) \tag{5.6}$$

出口企业 i 的利润为：

$$\pi_i = (p_i - C_i)q - \eta_i(g)m = (p_i - C)\left(\alpha - p_i + \left(\sum_{j \neq i} p_j\right) / n - 1\right)T^{-1} - \eta_i(g)m,$$

其中 T 代表国际贸易的冰山成本，可以得到均衡条件下出口企业 i 的价格加成为：

$$markup_i^f = \frac{p_i}{C_i} = \frac{\left(\frac{n-1}{2n-1}\alpha + \frac{1}{2n-1}\left(n\alpha + \sum\limits_{j \neq i} C_j \right) \right)}{(\gamma_i - (\gamma + \kappa)\eta_i(g))} + \frac{n}{2n-1} \tag{5.7}$$

由式 5.7 可得 $\partial\, markup_i^f / \partial\, \eta_i$（g）> $\partial\, markup_i / \partial\, \eta_i$（g）>0，据此可得到理论假设 2：协同创新关联对出口企业价格加成的提升作用强于对非出口企业的作用。

二、核心指标测度

（一）网络地位的测度

根据社会网络研究方法，企业是协同创新网络中的节点，企业间联合申请专利关系是网络中的边。笔者利用邻接矩阵 g = ［g_{ij}］表示协同创新网络中企业间的关联情况，如果企业 i 和企业 j 存在协同创新关联，则 $g_{ij} = g_{ji} = 1$，否则 $g_{ij} = g_{ji} = 0$；利用权重矩阵 w = ［w_{ij}］表示协同创新网络中企业间关联的强弱，其中 $w_{ij} = w_{ji}$，w_{ij} 的值等于企业 i 和企业 j 联合申请专利的数量。

网络中心性是衡量节点在网络中重要程度的关键变量（马述忠等，2016），一般用以考察个体在网络中的枢纽程度和对资源获取与控制的能力（Wasserman and Faust，1994）。Freeman（1978）提出权度中心性、中介中心性、特征向量中心性等指标能够从不同角度反映节点在网络中所起的作用以及所处的地位，为了综合考察企业在协同创新网络中与其他节点的关联情况，检验本章所提出理论假设，笔者分别选取了权度中心性、中介中心性和特征向量中心性测度企业在协同创新网络中的地位。具体计算公式参见第三章第二节。

（二）价格加成的测度

本章根据 De Loecker 和 Warzynski（2012）的方法测算企业微观层面的价格加成，该方法不依赖对市场结构的特定假设，不依赖测量资本的使用成本，而且包含了企业生产率可能产生的影响，其具体测算过程如下：

假设 i 企业 t 年的生产函数如下：

$$Q_{it} = F(L_{it}, K_{it}, M_{it}) \exp(\omega_{it}) \tag{5.8}$$

其中，Q_{it} 表示 i 企业 t 年的产出，ω_{it} 为 i 企业 t 年生产率的对数形式，L_{it}、K_{it}、M_{it} 分别为 i 企业 t 年投入的劳动、资本、中间投入品。由于在中国情境下，劳动力仍未实现充分流动，劳动力不适合作为可以完全自由变动的要素，因此本章假定中间投入为没有调整成本且可以自由变动的要素。企业为实现利润最大化，生产成本的拉格朗日函数为：

$$L(L_{it}，K_{it}，M_{it}，\lambda_{it})=P_{it}^L L_{it}+P_{it}^K K_{it}+P_{it}^M M_{it}+\lambda_{it}(Q_{it}-Q_{it}(L_{it}，K_{it}，M_{it}，\omega_{it}))$$

$$(5.9)$$

其中，P_{it}^L、P_{it}^K、P_{it}^M 分别为 L_{it}、K_{it}、M_{it} 的价格，λ_{it} 表示拉格朗日乘子，$\lambda_{it}=\partial L_t/\partial Q_{it}$ 反映了企业的边际成本，通过选择 M_{it}，企业 i 实现利润最大化。对式 5.9 一阶求导为：

$$\frac{\partial L_t}{\partial M_{it}}=P_{it}^M-\lambda_{it}\frac{\partial Q_{it}}{\partial M_{it}}$$

$$(5.10)$$

经整理可得：

$$\frac{\partial Q_{it}}{\partial M_{it}}\frac{M_{it}}{Q_{it}}=\lambda_{it}^{-1}\frac{P_{it}^M M_{it}}{Q_{it}}$$

$$(5.11)$$

定义企业 i 的加成率为定价与边际生产成本的比值 $\mu_{it}=P_{it}/\lambda_{it}$，令 $\alpha_{it}^M=P_{it}^M M_{it}/P_{it}Q_{it}$，$\alpha_{it}^M$ 表示中间投入支出占总销售额的份额，式 5.11 左面为中间投入的产出弹性，表示为 θ_{it}^M，可以得到：

$$\mu_{it}=\theta_{it}^M(\alpha_{it}^M)^{-1}$$

$$(5.12)$$

由式 5.12 可知，计算价格加成的关键在于测度中间投入的产出弹性，下面具体介绍 θ_{it}^M 的计算方法。对式 5.8 取对数可得：

$$q_{it}=f(l_{it}，k_{it}，m_{it}；\beta)+\omega_{it}+\varepsilon_{it}$$

$$(5.13)$$

企业 i 的中间投入是资本、生产率以及其他影响中间投入变量向量 Z_{it} 的函数，可表示为：

$$m_{it}=m_t(k_{it}，\omega_{it}，\mathbf{Z_{it}})$$

$$(5.14)$$

其中，$\mathbf{Z_{it}}$ 包括企业是否出口的虚拟变量 e_{it}、国民经济 3 位码投入和最终品关税 ϑ_{it}^{input} 和 ϑ_{it}^{output}①，以及城市、所有制、年份虚拟变量，假设中间投入是 ω_{it} 的单调函数，我们可以将生产率函数表示为：

$$\omega_{it}=h_t(l_{it}，m_{it}，\mathbf{Z_{it}})$$

$$(5.15)$$

式 5.13 的生产函数可以重新表示为：

---

① 关税数据来自联合国贸易和发展会议（UNCTAD）贸易分析和信息系统数据库（TRAINS）。

$$q_{it} = \varphi_t(l_{it}, \ k_{it}, \ m_{it}, \ \mathbf{Z}_{it}) + \varepsilon_{it} \tag{5.16}$$

假定生产率服从马尔科夫链式过程：

$$\omega_{it} = g(\omega_{it-1}, \ \vartheta_{it-1}^{input}, \ \vartheta_{it-1}^{output}, \ e_{it-1}) + \xi_{it} \tag{5.17}$$

其中，生产率可表示为如下形式：

$$\omega_{it}(\beta) = \hat{q}_{it} - \beta_l l_{it} - \beta_m m_{it} - \beta_k k_{it} - \beta_{ll} l_{it}^2 - \beta_{mm} m_{it}^2 - \beta_{kk} k_{it}^2 - \beta_{lm} l_{it} m_{it} - \beta_{lk} l_{it} k_{it} - \beta_{mk} m_{it} k_{it} -$$
$$\beta_{lmk} l_{it} m_{it} k_{it} \tag{5.18}$$

将式 5.18 代入式 5.17 进行 GMM 估计可以得到弹性系数向量：

$$\hat{\beta} = (\hat{\beta}_l, \ \hat{\beta}_m, \ \hat{\beta}_k, \ \hat{\beta}_{ll}, \ \hat{\beta}_{mm}, \ \hat{\beta}_{kk}, \ \hat{\beta}_{lm}, \ \hat{\beta}_{lk}, \ \hat{\beta}_{mk}, \ \hat{\beta}_{lmk}) \tag{5.19}$$

中间投入的产出弹性为 $\hat{\beta}_m + 2\hat{\beta}_{mm} m_{it} + \hat{\beta}_{lm} l_{it} + \hat{\beta}_{mk} k_{it} + \hat{\beta}_{lmk} l_{it} k_{it}$，再根据式 5.12 求得企业微观层面的价格加成。

三、数据来源与处理

本章的数据来源：一是 1999~2007 年中国工业企业数据库。中国工业企业数据库提供了企业层面的生产数据，由于该数据库包含了一些错误信息的企业，本章参照 Feenstra 等（2014）的做法删除了流动资产高于总资产、固定资产高于总资产、企业编码缺失、企业成立年份错误的观测样本。另外，我们使用 Brandt 等（2012）行业层面的价格指数对各个变量进行了平减。二是 1999~2007 年的专利数据，来自《中国专利数据库文摘 1985—2012（光碟版）》，具体处理方法参见第三章第二节和第四章第二节。

第三节 实证分析与稳健性检验

一、特征事实

如图 5-1（a）所示，在 1999~2007 年的样本区间内，企业的平均加成率呈现逐年增高趋势，由 1999 年的 1.057 上升到 2007 年的 1.354①，这表明我国有申请专利行为的企业的价格加成定价能力在逐步增强，特别是在中国加入 WTO 后，有申请专利行为的企业的价格加成增速明显，中国加入 WTO 促进了贸易自由化，从而提升了企业加成率（毛其淋和许家云，2017）。与此同时，企业在协同创新网络中的权度中心性也在不断提高，这表明中国企业间的协同研发越来越频繁。随着分工不断细化，任何一家企业都不可能在所有领域都独占鳌头，合作成为企业研发过程中规避不确定风险的新常态。图 5-1（b）显示了出口企业和非出口企业平均加成率的变化趋势，可以发现，出口企业相比非出口企业有更高的平均加成率。

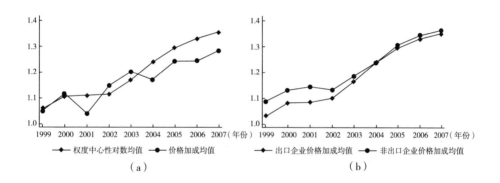

（a）　　　　　　　　　　　　　（b）

图 5-1　1999~2007 年企业价格加成与权度中心性对数均值的变化趋势

图 5-2（a）显示了企业价格加成与申请专利数量的关系，以及企业价格加成与协同创新网络权度中心性的关系，可以发现，一方面，企业价格加成与申请专利的数量呈正向关系，这说明申请专利越多的企业，价格加成也越高；另一方面，企业价格加成与协同创新网络权度中心性也呈正向关系，而且协同创新企业的价格加成均值高于非协同创新企业的，初步表明协同创新行为提高了企业价格加成，企业在协同创新网络中的关联越多，价格加成也越高，当然更为严谨的结论需要后文的实证检验进一步验证。

---

①　由于我们最终实证使用的是中国工业企业数据库与《中国专利数据库文摘 1985—2012（光碟版）》匹配的样本，因此图 5-1 显示的是有专利申请企业的价格加成和权度中心性的变化趋势。

二、基本估计

（一）计量模型设定

本章要论证的核心问题是企业在协同创新网络中的地位对企业出口绩效有何影响，依据本章的研究目标，在已有研究的基础上将基本计量模型设定为：

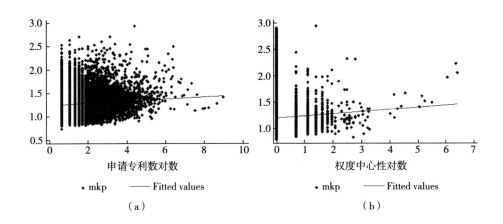

图 5-2　企业申请专利数对数、权度中心性对数与价格加成的关系

$$mkp_{it} = \alpha + \beta_1 lncentrality_{it} + \beta_2 lnselfdevelop_{it} + \gamma D + \eta_t + \lambda_l + \psi + \varepsilon_{it} \qquad (5.20)$$

其中，i 表示企业，t 表示年份，mkp_{it} 为企业 i 在 t 年的价格加成，根据式 5.8~式 5.19 估计得到。$lncentrality_{it}$ 为 t 年企业 i 在协同创新网络中的地位，本章分别选取了权度中心性（DC）、中介中心性（BC）和特征向量中心性（EC）来反映企业在协同创新网络中的地位。另外，引入虚拟变量企业是否进行协同创新（co-develop），进行了协同创新取 1，否则取 0。$lnselfdevelop_{it}$ 为企业 i 在 t 年独自申请专利数量的对数，D 为控制变量集，η_t 为年份虚拟变量，λ_l 为省份虚拟变量，ψ 为行业虚拟变量，ε_{it} 为随机扰动项。企业层面采用 Cluster 聚类处理。

控制变量集 D 中包含以下变量：①企业全要素生产率（tfp）。本章采用 LP 方法估计企业全要素生产率。②企业存续年限（age）。以当年年份与企业成立年份的差值衡量企业存续年份，变量取对数。③企业规模（size）。采用企业职工人数对数来衡量企业规模，变量取对数。④是否为外资企业（fie）。当企业注册资本中外资所占比重较大时，fie 取 1，否则取 0。⑤行业竞争度（HHI）。采用赫芬达尔指数来测度，即用所有企业市场份额（主营业务收入占所有企业主营业务收入之和的份额）的平方和来表示。HHI 越大，行业竞争度越小，反之则越大。⑥平均工资（awage）。

（二）基本回归结果

表5-1列示了权度中心性的基本回归结果。列（1）对是否进行协同创新的估计结果显示，在控制年份、省份和行业的情况下，企业进行协同创新使价格加成增加了 0.0144 个单位。列（2）~列（3）显示，权度中心性每增加 1 个百分点，价格加成增加 0.000224 个单位，独自申请专利数每增加 1 个百分点，企业价格加成增加 0.000086 个单位。列（4）将权度中心性、独自申请专利数一起同企业价格加成进行回归，发现二者回归系数仍然在 1% 的水平下显著为正。列（5）中加入企业特征控制变量，在其他条件不变的情况下，权度中心性、独自申请专利数依然在 1% 的水平下显著为正。此实证结果从经验上证明了进行协同创新的企业拥有更高的价格加成，独自研发和协同创新都提升了企业价格加成，在协同创新网络中处于核心地位的企业的价格加成更高理论假设 1。

企业特征等控制变量的回归结果基本符合企业价格加成相关研究。结果显示，生产效率（tfp）影响系数为正，即生产率越高，边际生产成本越低，企业的价格加成越高。企业规模（size）影响系数为正，即规模越大的企业拥有更充足的资金、更丰富的人力资本和更先进的技术，对投入材料也具有更强的议价能力，规模经济使企业的边际成本更低，从而企业的价格加成更高。企业存续年限（age）影响系数为正，即企业的存续年限越长，前期投入的沉没成本比重越低，生产边际成本越低，价格加成越高。是否为外资企业（fie）的影响系数为正，这表明外资企业对国际市场有更充分的了解，具有更强的定价能力，价格加成更高。行业竞争度（HHI）的影响系数为正，这表明在行业竞争较为激烈的情况下，企业被迫压低定价，而要素价格上涨也进一步提高了企业生成成本，从而降低了企业的价格加成。平均工资（awage）的影响系数为负，即平均工资越高，企业的边际成本越高，企业的价格加成越低。

表 5-1　权度中心性的估计结果

解释变量	centrality＝DC				
	（1）	（2）	（3）	（4）	（5）
co－develop	0. 0144** (0. 0073)				
lncentrality		0. 0224** (0. 0087)		0. 0233*** (0. 0086)	0. 0390*** (0. 0083)
lnself－develop			0. 0086*** (0. 0017)	0. 0088*** (0. 0017)	0. 0074*** (0. 0016)
tfp					1. 0963*** (0. 0231)
size					0. 0222*** (0. 0010)
age					0. 0009*** (0. 0001)
fie					0. 0174*** (0. 0031)
HHI					0. 0252*** (0. 0064)
awage					－0. 0262*** (0. 0016)
年份效应	Yes	Yes	Yes	Yes	Yes
省份效应	Yse	Yes	Yes	Yes	Yes
行业效应	Yse	Yes	Yes	Yes	Yes
样本数	37253	37253	37253	37253	37253
R²	0. 4773	0. 4778	0. 4783	0. 4790	0. 6483

注："***""**""*"分别表示在1%、5%、10%的水平下显著，括号内为稳健标准误。下表同。

表 5-2 列示了中介中心性和特征向量中心性的估计结果。列（1）显示，在控制年份、省份和行业的情况下，中介中心性每提高 1 个百分点，企业价格加成提高 0.000088 个单位。列（2）显示，将中介中心性、独自申请专利数一起同企业价格加成进行回归，独自研发影响系数显著为正，但中介中心性的系数并不显著，可能

的原因是独自研发吸收了中介中心性的一部分影响效应。列（3）显示，在加入企业特征控制变量后，中介中心性影响系数仍在1%的水平下显著为正。列（4）显示，在控制年份、省份和行业的情况下，特征向量中心性每提高1个百分点，企业价格加成增加0.003582个单位。列（5）显示，将特征向量中心性、独自申请专利数一起同企业价格加成进行回归，特征向量中心性影响系数在10%的水平下显著为正。列（6）显示，在加入企业特征控制变量后，特征向量中心性影响系数仍在1%的水平下显著为正。此结果说明，在协同创新网络中处于"枢纽"地位和拥有众多"高质量"研发合作伙伴的企业的价格加成更高。一方面，协同创新网络枢纽地位企业对网络中技术、信息的流通具有更强的控制力，企业对成本的掌控能力越强，市场议价能力也越强，价格加成越高；另一方面，高质量合作伙伴掌握了网络中更多的资源，企业通过协同创新能够节约更多成本，价格加成越高。

上述实证结果证明了本章的理论假设1，即在协同创新网络中处于核心地位的企业具有更高的价格加成。

表5-2 中介中心性和特征向量中心性的估计结果

解释变量	centraliyt＝BC			centrality＝EC		
	（1）	（2）	（3）	（4）	（5）	（6）
lncentrality	0.0088*	0.0070	0.0233***	0.3582*	0.3402*	0.6977***
	(0.0051)	(0.0052)	(0.0053)	(0.1901)	(0.1976)	(0.1651)
lnself−develop		0.0084***	0.0061***		0.0085***	0.0067***
		(0.0017)	(0.0016)		(0.0017)	(0.0016)
tfp			1.0971***			1.0923***
			(0.0226)			(0.0230)
size			0.0227***			0.0226***
			(0.0010)			(0.0010)
age			0.0009***			0.0009***
			(0.0001)			(0.0001)
fie			0.0170***			0.0171***
			(0.0031)			(0.0031)
HHI			0.0257***			0.0256***
			(0.0064)			(0.0064)

续表

解释变量	centraliyt = BC			centrality = EC		
	（1）	（2）	（3）	（4）	（5）	（6）
awage			−0. 0257 ***			−0. 0258 ***
			（0. 0016）			（0. 0016）
年份效应	Yes	Yes	Yes	Yes	Yes	Yes
省份效应	Yse	Yes	Yes	Yes	Yes	Yes
行业效应	Yse	Yes	Yes	Yes	Yes	Yes
样本数	37253	37253	37253	37253	37253	37253
R^2	0. 4774	0. 4785	0. 6478	0. 4774	0. 4785	0. 6472

三、稳健性检验

（一）可能出现的极端值

为了处理可能出现的极端值，笔者在表5-3列（1）中对价格加成在1%的水平下进行了双边缩尾处理，列（2）中对价格加成在1%的水平下进行了双边截尾处理，列（3）中剔除了北京、上海、天津、重庆4个直辖市的企业样本，原因在于：①直辖市的科研机构、科研设施和科研人才相对更为集中，企业在协同创新网络中的关联更为密集。②直辖市特殊的地位有助于其在央地博弈中争取到更多的国家级科研项目，重大项目通常需要多个科研院所、企业协同完成，从而增加了协同创新网络的稠密程度。表5-3列（3）显示了剔除直辖市企业样本后的估计结果，不难发现，影响系数大小虽有所变化，但权度中心性对数、独自申请专利对数都显著为正。

表 5-3　稳健性检验

解释变量	（1） mkp 双边 缩尾 1%	（2） mkp 双边 截尾 1%	（3） 剔除 直辖市	（4） 分三个时期 构建网络
lncentrality （=DC）	0. 0388 *** （0. 0083）	0. 0239 *** （0. 0049）	0. 0490 *** （0. 0095）	0. 0314 *** （0. 0059）

续表

解释变量	（1） mkp 双边 缩尾 1%	（2） mkp 双边 截尾 1%	（3） 剔除 直辖市	（4） 分三个时期 构建网络
lnself-develop	0.0074*** （0.0016）	0.0044*** （0.0014）	0.0084*** （0.0019）	0.0019* （0.0012）
tfp	1.0891*** （0.0225）	0.9689*** （0.0207）	1.0967*** （0.0257）	1.1996*** （0.0221）
size	0.0221*** （0.0010）	0.0187*** （0.0009）	0.0216*** （0.0011）	0.0186*** （0.0009）
age	0.0009*** （0.0001）	0.0008*** （0.0001）	0.0009*** （0.0001）	0.0010*** （0.0001）
fie	0.0177*** （0.0031）	0.0220*** （0.0028）	0.0249*** （0.0037）	0.0114*** （0.0031）
HHI	0.0247*** （0.0064）	0.0240*** （0.0061）	0.0260*** （0.0072）	0.0242** （0.0100）
awage	−0.0262*** （0.0016）	−0.0282*** （0.0014）	−0.0246*** （0.0017）	−0.0269*** （0.0016）
年份效应	Yes	Yes	Yes	Yes
省份效应	Yes	Yes	Yes	Yes
行业效应	Yes	Yes	Yes	Yes
样本数	37253	36507	29187	24489
R^2	0.6462	0.6405	0.6391	0.6686

（二）分三个时期构建网络

在基本估计中，笔者以每一年企业联合申请的数据构建协同创新网络，可能存在的问题是：专利发明作为创新产出指标，在联合申请专利之前和之后的时间点都可能对企业价格加成产生影响，但企业的专利申请往往不具有时间上的连续性，即可能对协同创新影响企业价格加成系数的估计存在偏误。鉴于此，笔者将时期Ⅰ（1999~2001 年）企业在协同创新网络中的地位指标与2000 年中国工业企业数据库的企业特征变量相匹配，时期Ⅱ（2002~2004 年）企业在协同创新网络中的地位指标同 2003 年相匹配，时期Ⅲ（2005~2007 年）企业在协同创新网络中的地位指标同 2006 年相匹配，分三个时期进行实证检验。表5-3 列（4）的估计结果表明，权度中心性在 1% 的水平下显著为正，这表明本章的基本结论是稳健的。

第四节　扩展检验结果与分析

一、出口对协同创新的调节效应检验

在本章理论分析部分，笔者提出理论假设 2，即认为出口企业由于受到"选择效应"和"竞争效应"的影响，协同创新对其价格加成可能具有更大的提升作用。也就是说，出口是协同创新对价格加成影响的调节变量（Baron and Kenny，1986）。为了验证本章的假设，在式 5.21 中笔者引入独自研发与出口的交互项，在式 5.22 中笔者引入联合研发虚拟变量与出口的交互项，在式 5.23 中笔者引入网络中心性与出口的交互项，网络中心性分别采用权度中心性、中介中心性和特征向量中心性进行替代（见表 5-4）：

$$mkp_{it}=\alpha+\beta_1 lnselfdevelop_{it}+\beta_2 exp_{it}+\beta_3 lnselfdevelop\times exp_{it}+\gamma D+\eta_t+\lambda_1+\psi+\varepsilon_{it}$$
$$(5.21)$$

$$mkp_{it}=\alpha+\beta_1 co-develop_{it}+\beta_2 exp_{it}+\beta_3 co-develop_{it}\times exp_{it}+\gamma D+\eta_t+\lambda_1+\psi+\varepsilon_{it}$$
$$(5.22)$$

$$mkp_{it}=\alpha+\beta_1 lncentrality_{it}+\beta_2 exp_{it}+\beta_3 lncentrality_{it}\times exp_{it}+\gamma D+\eta_t+\lambda_1+\psi+\varepsilon_{it}$$
$$(5.23)$$

表 5-4　出口调节效应的估计结果

解释变量	self	centrality＝DC		centraliyt＝BC	centrality＝EC
	(1)	(2)	(3)	(4)	(5)
co-develop		0.0190*** (0.0071)			

续表

解释变量	self	centrality = DC		centraliyt = BC	centrality = EC
	(1)	(2)	(3)	(4)	(5)
co-develop ×export		0.0370*** (0.0119)			
lncentrality			0.0172*** (0.0066)	0.0133 (0.0100)	0.2687*** (0.0192)
lncentrality ×export			0.0334*** (0.0124)	0.0126 (0.0115)	0.6171** (0.2564)
lnself-develop	0.0068*** (0.0017)		0.0072*** (0.0016)	0.0061*** (0.0016)	0.0071*** (0.0018)
lnself-develop ×export	0.0230*** (0.0027)				
export	-0.0379*** (0.0041)	-0.0078*** (0.0018)	-0.0077*** (0.0018)	-0.0070*** (0.0018)	-0.0072*** (0.0018)
tfp	1.1010*** (0.0229)	1.0991*** (0.0226)	1.1017*** (0.0226)	1.1007*** (0.0226)	1.0965*** (0.0230)
size	0.0237*** (0.0011)	0.0233*** (0.0011)	0.0231*** (0.0011)	0.0236*** (0.0011)	0.0235*** (0.0011)
age	0.0009*** (0.0001)	0.0008*** (0.0001)	0.0009*** (0.0001)	0.0009*** (0.0001)	0.0009*** (0.0001)
fie	0.0180*** (0.0031)	0.0187*** (0.0031)	0.0187*** (0.0031)	0.0182*** (0.0031)	0.0184*** (0.0031)
HHI	0.0255*** (0.0065)	0.0261*** (0.0064)	0.0253*** (0.0064)	0.0257*** (0.0064)	0.0255*** (0.0064)
awage	-0.0248*** (0.0016)	-0.0255*** (0.0016)	-0.0257*** (0.0016)	-0.0252*** (0.0016)	-0.0253*** (0.0016)
年份效应	Yes	Yes	Yes	Yes	Yes
省份效应	Yse	Yse	Yes	Yes	Yes
行业效应	Yse	Yse	Yes	Yes	Yes
样本数	37253	37253	37253	37253	37253
R^2	0.6487	0.6478	0.6488	0.6481	0.6475

如表 5-4 所示，列（1）估计结果显示，独自创新的影响系数在 1% 的水平下显著为正，出口与独自创新交互项（lnself-develop×export）的影响系数在 1% 的水平下显著为正，这意味着企业出口对独自创新存在调节效应，独自创新对企业价格加成的影响存在差异，独自创新对出口企业价格加成的提升作用相对于非出口企业更强。列（2）和列（3）估计结果显示，虚拟变量是否协同创新（co-develop）和权度中心性的影响系数在 1% 的水平下显著为正，出口与其交互项（co-develop×export 和 lnDC×export）的影响系数在 1% 的水平下显著为正，这意味着企业出口对协同创新存在调节效应，协同创新对企业价格加成的影响存在差异，协同创新对出口企业价格加成的提升作用强于对非出口企业的。一方面，通过"选择效应"进入国际市场的企业具有更高的生产率（Bernard and Jensen，1999；Melitz，2003），能够更好转化创新成果，独自创新和协同创新对其价格加成的提升作用更强；另一方面，出口企业面临更激烈的国内和国外市场竞争，"竞争效应"促使企业通过研发更高质量的产品（Kugler and Verhoogen，2011），从而获得更高的价格加成（诸竹君等，2017），而且大量企业涌入国际市场，抬高了工资等生产要素价格（叶宁华等，2014；盛丹和陆毅，2016），迫使企业通过研发降低成本，从而提高价格加成。

列（4）和列（5）显示了出口对中介中心性和特征向量中心性调节效应的检验结果，中介中心性 lnBC 及其与出口的交互项（lnBC×export）的影响系数不显著，特征向量中心性 lnEC 及其与出口的交互项（lnEC×export）的影响系数在 1% 的水平下显著为正，这表明对于出口和非出口企业，协同创新网络中的枢纽程度对价格加成的影响差异并不明显，但协同创新伙伴的质量对出口企业价格加成的提升作用强于对非出口企业的。此外，列（1）~列（5）中是否出口 export 的估计系数都显著为负，这表明出口企业的加成率更低，即中国企业存在"低价格加成陷阱"，这与黄先海等（2016）的研究结论一致。此回归结果证明了本章的理论假设 2，即协同创新对出口企业价格加成的提升作用强于对非出口企业的。

二、企业异质性检验

为了得到更为细化的结论，本部分基于企业所在地区、所有制和行业竞争度对样本进行划分，进而考察协同创新对企业价格加成影响的群体差异性。

（一）分地区回归结果

表5-5列示了东部地区和中西部地区企业的分组回归结果[①]，并分别采用了权度中心性、中介中心性和特征向量中心性替代网络中心性。可以发现，独自创新和协同创新对中西部地区企业的影响系数均大于对东部地区的，中介中心性、特征向量中心性对中西部地区企业的影响系数也大于对东部地区的，这表明协同创新对中西部地区企业价格加成的提升作用更大，可能的原因在于：一方面，中西部地区企业价格加成普遍偏低[②]，企业质量升级意愿较低（黄先海等，2016），技术创新能够更大程度地拉开企业之间的产品质量差距，使创新企业具有更强的议价能力，从而对价格加成的提升作用更强；另一方面，中西部地区企业的研发水平较低、前沿技术较稀缺，协同创新能够使企业获取发达地区企业和科研院所的优势技术，更大程度地提高产品质量并降低生产成本，使协同创新对价格加成有更大幅度的提升。

表5-5 区域异质性检验

解释变量	centrality = DC		centraliyt = BC		centrality = EC	
	（1）东部	（2）中西部	（3）东部	（4）中西部	（5）东部	（6）中西部
lncentrality	0.0392*** (0.0096)	0.0436*** (0.0132)	0.0223*** (0.0063)	0.0291*** (0.0083)	0.6633*** (0.1830)	1.2109*** (0.3501)
lnself-develop	0.0064*** (0.0018)	0.0144*** (0.0035)	0.0052*** (0.0018)	0.0124*** (0.0035)	0.0058*** (0.0018)	0.0134*** (0.0035)
tfp	1.0683*** (0.0301)	1.1770*** (0.0330)	1.0693*** (0.0299)	1.1767*** (0.0332)	1.0637*** (0.0306)	1.1747*** (0.0333)
size	0.0200*** (0.0012)	0.0277*** (0.0021)	0.0206*** (0.0012)	0.0282*** (0.0021)	0.0205*** (0.0012)	0.0282*** (0.0021)

[①] 东部地区包括北京、天津、河北、辽宁、上海、江苏、浙江、福建、山东、广东和海南11个省份。

[②] 基于本书实证样本测算：东部地区企业的平均价格加成为1.271，中西部地区企业的平均价格加成为1.251。

续表

解释变量	centrality = DC		centraliyt = BC		centrality = EC	
	(1) 东部	(2) 中西部	(3) 东部	(4) 中西部	(5) 东部	(6) 中西部
age	0.0008*** (0.0001)	0.0009*** (0.0002)	0.0008*** (0.0001)	0.0009*** (0.0001)	0.0008*** (0.0001)	0.0009*** (0.0002)
fie	0.0194*** (0.0033)	0.0054 (0.0125)	0.0189*** (0.0033)	0.0050 (0.0125)	0.0191*** (0.0033)	0.0054 (0.0125)
HHI	0.0204*** (0.0068)	0.0440*** (0.0160)	0.0211*** (0.0069)	0.0433*** (0.0161)	0.0210*** (0.0068)	0.0436*** (0.0161)
awage	−0.0268*** (0.0018)	−0.0258*** (0.0033)	−0.0262*** (0.0018)	−0.0253*** (0.0034)	−0.0264*** (0.0018)	−0.0253*** (0.0033)
年份效应	Yes	Yes	Yes	Yes	Yes	Yes
省份效应	Yse	Yes	Yes	Yes	Yes	Yes
行业效应	Yse	Yes	Yes	Yes	Yes	Yes
样本数	29207	8046	29207	8046	29207	8046
R^2	0.6415	0.6946	0.6408	0.6946	0.6403	0.6940

(二) 分所有制回归结果

表5-6列示了外资和内资企业的分组回归结果，并分别采用了权度中心性、中介中心性和特征向量中心性替代网络中心性。可以发现，协同创新对内资企业的影响系数明显大于外资企业，中介中心性和特征向量中心性对内资企业的影响系数明显大于外资企业，但独自研发对外资企业的影响系数大于内资企业，这表明协同创新对内资企业价格加成的提升作用更强，而外资企业主要依靠独自研发提高价格加成。可能的解释是：外资企业在华申请专利的主要目的是保护海外专利权，而且为了保障技术独占优势，大部分外资企业倾向选择与同一母公司旗下的分支公司或子公司进行合作研发，如东芝泰格有限公司、东芝医疗系统株式会社等（何隽，2010）。此外，外资企业与中国本土企业和科研院所的联系相较内资企业更为薄弱，其创新实际主要依靠本国母公司的技术转移（吴延兵，2012），因而协同创新对外资企业价格加成的提升作用较小或不显著。相较而言，内资企业之间的科研合作日益紧密，协同创新网络中的核心企业和科研院所发挥着技术

龙头和骨干作用，核心创新主体带头探索国际市场和全球技术变迁的新趋势，助力整个行业提升国际竞争力和市场份额，从而使协同创新对内资企业价格加成具有更强的提升作用。

表5-6 所有制异质性检验

解释变量	centrality=DC		centraliyt=BC		centrality=EC	
	（1）外资	（2）内资	（3）外资	（4）内资	（5）外资	（6）内资
lncentrality	0.0251	0.0395***	0.0063*	0.0234***	0.6078	0.6871***
	（0.0177）	（0.0087）	（0.0038）	（0.0054）	（0.8541）	（0.1578）
lnself-develop	0.0082*	0.0073***	0.0078*	0.0059***	0.0081*	0.0066***
	（0.0044）	（0.0017）	（0.0045）	（0.0017）	（0.0045）	（0.0017）
tfp	1.1660***	1.0908***	1.1613***	1.0921***	1.1646***	1.0872***
	（0.0946）	（0.0232）	（0.0952）	（0.0232）	（0.0940）	（0.0236）
size	0.0219***	0.0218***	0.0224***	0.0223***	0.0220***	0.0222***
	（0.0029）	（0.0011）	（0.0030）	（0.0011）	（0.0028）	（0.0011）
age	0.0016***	0.0008***	0.0016***	0.0008***	0.0016***	0.0008***
	（0.0006）	（0.0001）	（0.0006）	（0.0001）	（0.0006）	（0.0001）
HHI	0.0363**	0.0235***	0.0364**	0.0241***	0.0357**	0.0241***
	（0.0171）	（0.0068）	（0.0172）	（0.0068）	（0.0171）	（0.0068）
awage	-0.0326***	-0.0253***	-0.0326***	-0.0248***	-0.0328***	-0.0249***
	（0.0036）	（0.0017）	（0.0036）	（0.0017）	（0.0036）	（0.0017）
年份效应	Yes	Yes	Yes	Yes	Yes	Yes
省份效应	Yse	Yes	Yes	Yes	Yes	Yes
行业效应	Yse	Yes	Yes	Yes	Yes	Yes
样本数	4490	32763	4490	32763	4490	32763
R^2	0.6969	0.6417	0.6964	0.6412	0.6967	0.6404

（三）高竞争和低竞争行业估计结果

本章根据行业竞争度（HHI）均值将样本分为高竞争和低竞争两组，表5-7列示了"低竞争"和"高竞争"行业的分组回归结果，并分别采用权度中心性、中介中心性和特征向量中心性作为网络中心性。可以发现，低竞争行业的权度中心性、特征向量中心性和独自研发的影响系数大于高竞争行业的，但中介中心性的影响系数小于高竞争行业。可能的原因在于：一方面，低竞争行业来自竞争对手的压力相对较少，而且产品差异性也较小，进行协同创新和独自创新的企业能够明显拉开与其他企业的差距，从而会选择更高定价策略，以更大程度地提升价格加成；另一方面，低竞争行业企业多处于国民经济的"核心"和"枢纽"地位，对网络中技术、信息、资源的流通具有较强的控制力，一定程度上替代了协同创新网络中枢纽地位的作用，因而中介中心性对低竞争行业企业价格加成的促进作用相对较小。

表5-7 竞争程度异质性检验

解释变量	centrality = DC		centraliyt = BC		centrality = EC	
	（1）低竞争	（2）高竞争	（3）低竞争	（4）高竞争	（5）低竞争	（6）高竞争
lncentrality	0.0421*** (0.0134)	0.0370*** (0.0070)	0.0198** (0.0080)	0.0254*** (0.0062)	0.6961*** (0.2409)	0.6224*** (0.1715)
lnself-develop	0.0090*** (0.0030)	0.0067*** (0.0017)	0.0070** (0.0030)	0.0058*** (0.0017)	0.0078*** (0.0030)	0.0062*** (0.0017)
tfp	1.0574*** (0.0288)	1.1240*** (0.0312)	1.0543*** (0.0289)	1.1269*** (0.0313)	1.0514*** (0.0293)	1.1216*** (0.0315)
size	0.0265*** (0.0016)	0.0189*** (0.0012)	0.0274*** (0.0017)	0.0192*** (0.0012)	0.0272*** (0.0016)	0.0192*** (0.0012)
age	0.0008*** (0.0001)	0.0009*** (0.0001)	0.0008*** (0.0001)	0.0009*** (0.0001)	0.0008*** (0.0001)	0.0009*** (0.0001)
fie	0.0273*** (0.0051)	0.0127*** (0.0036)	0.0267*** (0.0052)	0.0122*** (0.0036)	0.0267*** (0.0051)	0.0125*** (0.0036)
HHI	0.0264*** (0.0081)	0.0754*** (0.0286)	0.0265*** (0.0081)	0.0744*** (0.0285)	0.0264*** (0.0081)	0.0755*** (0.0286)
awage	−0.0240*** (0.0025)	−0.0270*** (0.0019)	−0.0233*** (0.0025)	−0.0266*** (0.0019)	−0.0233*** (0.0025)	−0.0268*** (0.0020)
年份效应	Yes	Yes	Yes	Yes	Yes	Yes
省份效应	Yse	Yes	Yes	Yes	Yes	Yes
行业效应	Yse	Yes	Yes	Yes	Yes	Yes
样本数	12669	24584	12669	24584	12669	24584
R^2	0.6725	0.6386	0.6708	0.6388	0.6705	0.6380

本章小结

　　本章借鉴新新贸易理论和社会网络分析框架，基于企业在创新过程中合作和在产品市场中竞争的双重考量，从企业和科研院所之间形成的协同创新网络视角考察了企业的价格加成问题以及出口在其中发挥的调节效应。在理论上，本章结合中国企业之间定价博弈的实情，在 Goyal 和 Joshi（2003）研究的基础上，构建了企业间价格竞争模型，分析了企业之间协同创新对价格加成的影响，以及出口发挥的调节效应。理论分析表明，协同创新关联越多的企业，价格加成越高，通过"选择效应"和"竞争效应"协同创新对出口企业价格加成的提升作用更大。本章进一步利用 1999~2007 年中国专利申请数据库构建了企业与科研院所之间的协同创新网络，利用社会网络中心性指标测度了企业在协同创新网络中的地位，并根据 De Loecker 和 Warzynski（2012）的方法测算了企业微观层面的价格加成，基于专利申请和中国工业企业数据库的匹配数据实证检验了协同创新对企业价格加成的影响，并构建调节效应模型分析了协同创新对出口企业和非出口企业价格加成的影响差异。本章的实证结果表明：①企业在协同创新网络中的关联越多，企业的价格加成越高，协同创新和独自创新同时提高了企业的价格加成，并且这一结论非常稳健，在剔除样本极端值、采用不同方法构建网络的情形仍然成立。②中介中心性、特征向量中心性对企业价格加成的影响系数显著为正，在协同创新网络中处于枢纽地位和拥有更高质量协同创新伙伴的企业拥有更高的价格加成。③出口能够增强协同创新和独自创新对企业价格加成的提升作用，但对中介中心性的调节效应并不显著。④协同创新对企业价格加成影响存在异质性，相较而言，协同创新对中西部地区企业、内资企业和低竞争行业企业的价格加成具有更强的提升作用。

第六章　产品关联、市场邻近与
企业出口扩展边际

第一节　引　言

　　自改革开放特别是加入 WTO 后，中国的出口规模急剧扩张，创造了国际贸易史上的出口奇迹，伴随这一奇迹的是中国出口产品和市场类别的快速增加。新常态下为保持出口对中国经济增长的驱动作用，仍需进一步拓展出口市场和产品的范围，特别是加大对"一带一路"沿线国家和地区的新兴市场的出口力度。2017 年 1 月商务部发布的《对外贸易发展"十三五"规划》明确指出"推动进出口市场结构从传统市场为主向多元化市场全面发展转变，深耕发达国家传统市场，加大新兴市场开拓力度"。那么，企业选择新出口产品和市场的机制是什么？为何区域间出口产品和市场拓展的表现存在差异？出口产品和市场的拓展是否存在路径依赖？回答上述问题对中国对外贸易结构的优化和企业出口贸易的转型升级具有重要意义。鉴于此，本章结合企业异质性理论和新经济地理理论，测算了中国企业新增出口与当地企业的产品关联和市场邻近，实证检验了产品关联、市场邻近对企业出口扩展边际的影响，并对可能的影响渠道进行了检验。

第二节 理论框架和研究方法

一、理论框架

基于 Melitz（2003）的分析框架，本章从地理集聚角度提出理论假设，令 E 表示国内市场规模（E＝PQ），令 Ω 表示商品集，假设商品间可以相互替代，$\rho<1$，商品间替代弹性 $\sigma=1/（1-\rho）>1$，效用以基于连续商品 ω 的 CES 函数表示为：

$$U = \left[\int_{\omega \in \Omega} q(\omega)^{\rho} d\omega \right]^{\frac{1}{\rho}} \tag{6.1}$$

价格指数方程和需求分别表示为：

$$P = \left[\int_{\omega \in \Omega} p(\omega)^{1-\sigma} d\omega \right]^{\frac{1}{1-\sigma}} \tag{6.2}$$

$$q(\omega) = p(\omega)^{-\sigma} P^{\sigma-1} E \tag{6.3}$$

根据 Melitz（2003）的假设，劳动 l 为 j 城市 k 行业企业唯一的生产要素，l 可表示为产量 q 和生产率 φ 的函数：$l=l_{jk}+q/\varphi$，j 城市 k 行业企业进入国际市场要支付固定成本 f_{jk}，国际贸易所需支付的冰山成本为 τ。根据马歇尔集聚经济理论，外部经济主要来源于三个途径：专业化劳动力要素的可得性（L）、中间投入品规模经济（I）和技术外溢效应（S）（Duranton and Puga，2004），并假设通过上述三种渠道能够降低企业的生产成本和进入国际市场的固定成本为 $l_{jk}=l_{jk}$（$\overset{-}{L_{jk}}$，$\overset{-}{I_{jk}}$，$\overset{-}{S_{jk}}$）和 $f_{jk}=f$（$\overset{-}{L_{jk}}$，$\overset{-}{I_{jk}}$，$\overset{-}{S_{jk}}$）。企业为实现利润最大化会采用相同的成本加成 $\sigma/（\sigma-1）=1/\rho$，价格方程可表示为 $p（\varphi）=\tau w/\rho\varphi$，令工资 w 单位化为 1，将 p 和 q 代入收益方程，企业的利润可表示为 $\pi_{jk}=\tau q/（\rho\varphi）-l_{jk}-q/\varphi-f_{jk}$，整理可得：

$$\pi_{jk} = \frac{E}{\sigma}(P\rho\varphi/\tau)^{\sigma-1} - l_{jk} - f_{jk} \tag{6.4}$$

当 $\pi_{jk}=0$ 时，企业处于进入国际市场的临界状态，求解得到生产率的准入门槛 φ^* 为：

$$\varphi_{jk}^* = \left[\,(l_{jk}+f_{jk})\sigma\,\right]^{\frac{1}{\sigma-1}} (P\rho/\tau)^{-1} E^{\frac{1}{1-\sigma}} \tag{6.5}$$

产品关联（relateness）或市场邻近（proximity）企业在一个区域（城市）的集聚可以提高劳动力要素的可得性、中间投入品规模经济和技术外溢效应的水平，即 $\partial L/\partial rel>0$、$\partial I/\partial rel>0$、$\partial S/\partial rel>0$、$\partial L/\partial pro>0$、$\partial I/\partial pro>0$、$\partial S/\partial pro>0$，进而可以得到 $\partial\phi^{*2}/\partial L\partial rel<0$、$\partial\phi^{*2}/\partial I\partial rel<0$、$\partial\phi^{*2}/\partial S\partial rel<0$、$\partial\phi^{*2}/\partial L\partial pro<0$、$\partial\phi^{*2}/\partial I\partial pro<0$、$\partial\phi^{*2}/\partial S\partial pro<0$。由此可见，产品关联和市场邻近越强，要素的可得性就越大、中间投入品规模经济就越高、技术外溢效应就越明显，国际市场的生产率准入门槛越低，企业出口过程中受到的阻力越小，扩展边际表现也越好（钱学锋和熊平，2010）。笔者用 ext 表示企业出口扩展边际的表现，ext(φ, φ^*) 是 φ 的增函数，是 φ^* 的减函数，可以得到 $\partial ext^2/\partial L\partial rel>0$、$\partial ext^2/\partial I\partial rel>0$、$\partial ext^2/\partial S\partial rel>0$、$\partial ext^2/\partial L\partial pro>0$、$\partial ext^2/\partial I\partial pro>0$、$\partial ext^2/\partial S\partial pro>0$。根据新经济地理学理论，产业集聚是指在一个区域内，生产某类产品的若干个不同类企业，以及为这些企业配套的上下游企业、相关服务业，高度密集地聚集在一起（Marshall，1890）。区域内众多企业对目的国出口，将会产生集聚效应和学习效应，从而促使企业扩大其出口产品范围（钱学锋等，2013）。如果出口企业与当地企业有较高的产品关联和市场邻近，则表明出口企业与当地企业需要相似的机构、基础设施、资源、技术等要素（Hidalgo et al.，2007；Poncet and De Waldemar，2013），并可能获得相似出口企业的经验（Fernandes and Tang，2014；陈勇兵等，2015），享受空间集聚带来的外部经济效益（陈旭等，2016）。通过专业化分工、市场邻近带来的更便捷的贸易信贷等因素，集聚经济减少了出口企业的可变和固定成本，降低了企业进入国际市场的门槛，进而提升了企业出口的表现（Long and Zhang，2011）。基于以上分析，本章从"要素禀赋优势""范围经济和规模经济""知识外溢效应"三条渠道分析了产品关联和市场邻近影响企业出口扩展边际的机制（见图6-1）。

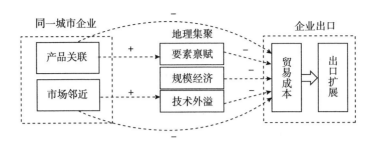

图6-1 产品关联和市场邻近影响企业出口扩展边际的理论机制

（一）要素禀赋优势

新古典贸易理论认为，一个国家（地区）应生产和出口密集使用其丰富要素的产品，也就是基于要素禀赋进行生产和出口（Whittlesey，1934）。根据新古典贸易理论的分析思路，一个国家（地区）如果在生产某种产品上具有比较优势，在生产密集使用相同或相似要素的产品上也应具有比较优势。一个国家（地区）生产某种产品的能力取决于生产其他产品的能力，并以既有产品为基础发展新的产品生产（Hidalgo et al.，2007）。那么，企业实现扩展出口范围的情形与国家类似，即以所在城市（区域）其他企业生产的产品为基础出口新的产品。企业新增出口与当地其他企业出口产品的关联越强，出口扩展边际则表现得越好。此外，同一个企业出口到不同国家的同一种产品的定价是不一样的，即产品可能存在水平或垂直差异（Manova and Zhang，2012；樊海潮和郭光远，2015），而产品差异在一定程度上反映了要素投入密集度的不同（Torstensson，1991）。邻近市场的需求偏好较为相近（汪旭晖，2005），同一种产品的差异也相对较小，所需要素禀赋也相近，因而企业新增出口与当地其他企业出口市场越邻近，出口扩展边际表现越好。但值得注意的是，出口产品和市场的过度集中可能导致要素市场成本上升。例如，大量劳动密集型企业的集聚可能导致工资成本的上升（叶宁华等，2014），因此产品关联和市场邻近也可能由于要素价格上升对出口扩展边际产生抑制效应。

（二）中间投入品规模经济

范围经济和规模经济都能够降低企业成本，提升企业出口扩展边际，而产品或市场相关的企业在同一个城市（区域）形成的专业市场集群能够协调二者

（白小虎，2004）。一方面，根据范围经济的概念，一个企业同时生产两个相关产品要比两个企业分别生产的成本更低（Panzar and Willig，1979）。企业与所在城市（区域）其他企业出口产品的关联度越高、出口市场越邻近，相互之间越容易形成互补，重新组合成更多新的产品种类，从而降低生产和交易成本，提升企业出口扩展边际。另一方面，企业将原来"内置化"的生产或销售环节转移给所在城市上下游效率更高的相关企业，自身专注于主营业务，从而优化了企业资源配置，降低了生产制造成本（Isard，1956；刘斌和王乃嘉，2016）。企业与所在城市（区域）其他企业出口产品的关联度越高、出口市场越邻近，企业间越容易形成专业分工的产业链，企业通过规模经济提升出口扩展边际。例如，义乌的小商品市场集聚了门类齐全的小商品生产企业，不同产品之间互补性很强，有利于企业扩大经营范围，企业将部分生产环节或销售环节转让给专门的生产商和销售商，范围经济和规模经济共同提升了当地企业出口扩展边际。需要注意的是，大量生产同质性产品的企业集聚在有限的区域内，可能导致产品市场的过度竞争，因此产品关联和市场邻近也可能由于企业相互挤占出口空间对出口扩展边际产生抑制效应（叶宁华等，2014）。

（三）技术外溢效应

技术外溢或技术外部性（Knowledge Externalities）具有明显的地理邻近特征（Jaffe et al.，1993），对促进企业（特别是中小企业）的创新具有重要作用（Audretsch and Feldman，2004）。然而，企业为了能够从所在城市（区域）的"知识池"中汲取知识，相比地理邻近，更重要的是认知的邻近（Cognitive Proximity）（Boschma，2005）。知识和技术的关联是企业间技术外溢的必要条件，即只有当接收知识的企业能够吸收知识时，知识外部性才能够发挥作用（Autant-Bernard，2001）。企业与所在城市（区域）其他企业出口产品的关联度越高，越容易吸收当地的知识外溢，从而提升企业出口扩展边际。此外，众多研究证明非物化隐性技术（如出口经验等）对企业的经营和出口具有重要影响（Iacovone and Javorcik，2010；Nguyen，2012）。Eaton 等（2011）、Armenter 和 Koren（2014）的研究指出生产率的差异只能部分地解释企业为何进入国际市场，为了使理论与现实相符，Melitz 模型的固定和可变成本还必须内生化其他成本因素。信息搜寻成本（Informational Frictions Cost）在国际贸易成本中占据很大比重，而且要远高于国内贸易（Anderson and Van Wincoop，2003）。企业在扩展出口范围的过程中面临较大的不确定性，而企业自我搜寻信息的过程是高成本、高代价的（Hausmann and Rodrik，2003），但企业可以从所在城市（区域）其他企业的出口中获得信息，从而减少企业信息搜寻成本。企业通过对某一市场出口所获得的相关产品需求信息和积累的相关产品出口经验可以复制应用到其他与之存在一定地理或文化相似性的市场中（陈勇兵等，2015）。因此，企业出口市场与当地其他企业出口市场越邻近，企业越容易获得隐性技术的溢出，从而提升出口扩展边际的表现。

二、数据来源与处理

本章的数据来源：①2000~2006 年中国工业企业数据库；[①] ②2000~2006 年中国海关进出口数据库；③CEPII-BACI 数据库；④《中国城市统计年鉴》。中国工业企业数据库提供了企业层面的生产数据，由于该数据库包含了一些信息错误的企业，本章参照 Brandt（2012）、Feenstra 等（2014）的做法删除了流动资产高于总资产、固定资产高于总资产、企业编码缺失、企业成立年份错误的观测样本。中国海关进出口数据库提供了企业层面的交易数据，包括刻画企业出口扩展边际所需要的企业—产品—出口市场三个维度的信息。CEPII-BACI 数据库提供了国家双边层面 HS-6 分位的交易数据，用于计算产品之间的关联以构建产品空间，还提供了出口市场 GDP、出口市场首都（或主要城市）与北京的距离。《中国城市统计年鉴》提供了各城市的基本情况，用于控制城市特征。

本章参照余淼杰（2015）的做法，首先，根据时间和企业名称将中国工业企业数据库和中国海关进出口数据库进行匹配。其次，使用另外一套匹配方法作为补充，利用另外两个共同的变量来识别企业，即邮政编码和企业电话号码的最后七位进行匹配。最后，为了得到具备经济学意义的变量值，在数据处理过程中对指标变量进行了价格指数平减。考虑到各地区物价波动的差异，本章参考蒋灵多和陈勇兵（2015）的做法，采用各省工业品出厂价格指数对工业增加值进行价格

---

① 尽管年份越近的数据对于现实情况越具有指导意义，但考虑到 2007 年以后制造业规模以上企业数据质量较差，存在大量数据丢失和误差（余淼杰和李晋，2015），为了保证数据的准确性和一致性，本章实证分析使用的是 2000~2006 年的数据。

平减，采用各省的固定资产投资价格指数对资本进行价格平减，采用原材料价格指数对中间投入品进行价格平减，由此得到以 2000 年为基期的实际值。

另外，中国海关进出口数据库的产品分类是基于 HS-8 分位编码，CEPII-BACI 数据库的产品分类是基于 HS-6 分位编码，为了计算出口产品关联，同时兼顾计算的可行性，本章将两套数据库统一加总到 HS-4 分位。

三、计量模型设定与变量测度

依据本章的研究目标，将基本计量模型设定为：

$$\ln ext_{finlt} = \alpha + \beta_1 relatedness_{filt} + \beta_2 proximity_{fnlt} + \gamma D + year + city + indus + \varepsilon_{finlt} \qquad (6.6)$$

其中，f 表示企业，i 表示产品，n 表示出口目的国，l 表示企业所在城市，t 表示年份。借鉴 Eaton 等（2007）的研究，将出口关系定义为某一企业将一种 HS-4 分位产品出口到一个目的市场，即出口关系包括企业—产品—市场三个维度。企业—产品—市场三个维度之中的任一维度与上年不同，即被视为新增出口。$\ln ext_{finlt}$ 为相比上年新增出口关系（新增企业—产品—市场）的金额，反映企业出口扩展边际的绩效表现；$relatedness_{filt}$ 为企业与所在城市其他企业出口产品的关联程度；$proximity_{fnlt}$ 为企业与所在城市其他企业出口市场的邻近度；D 为控制变量集；year 为年份虚拟变量；city 为城市虚拟变量；indus 为行业虚拟变量；ε_{finlt} 为随机扰动项。企业层面采用 Cluster 聚类处理。

（一）企业出口扩展边际表现（lnext）

本章以新增出口关系的金额反映企业出口扩展边际的表现，涉及企业（f）—产品（i）—市场（n）三个维度的信息。借鉴钱学锋和熊平（2010）的思路，界定五种观测样本为新增出口关系：t 年出口但 t-1 年没有出口的企业 f（新企业—新产品—新市场）；t-1 年 f 企业已经出口到市场 n 但并未出口 t 年的新产品 i（旧企业—旧市场—新产品）；t-1 年 f 企业已经出口产品 i 但并未出口到 t 年的新市场 n（旧企业—旧产品—新市场）；t-1 年 f 企业已经出口但并未出口新产品 i 到 t 年的新市场 n（旧企业—新产品—新市场）；t-1 年 f 企业已经出口了 i 产品，也出口到了 n 市场，但并未将 i 产品出口到 n 市场，即 i 产品和 n 市场在 t 年的新组合（旧企业—旧产品—旧市场）。

（二）其他控制变量

企业全要素生产率（tfp）。目前，学术界一般采用半参数估计值法（Olley-Pakes，简称 OP 方法）或非参数法（Levinsohn-Petrin，简称 LP 方法）来测度企业全要素生产率。因为这两种方法能够对生产函数估计过程中产生的同时性偏差和选择性偏差进行修正，但由于 OP 方法将企业投资额作为代理变量，会损失较多投资额为 0 的样本，并且与 OP 方法相比，LP 方法能够更好地克服不可观测的TFP 变动所导致的估计偏误。因此，本章采用 LP 方法估计企业全要素生产率（鲁晓东和连玉君，2012）。

企业存续年限（age）。以当年年份与企业成立年份的差值衡量企业存续年份。一方面，企业的存续年限越长，与当地其他企业的社会网络联系越密切，自身的出口经验更加丰富，扩展出口范围的信息搜寻成本越低，出口扩展边际的表现也就越好；另一方面，一些老企业在产品生产、国际营销渠道建立等方面已经投入较多的沉没成本，从而倾向于维持已有的出口关系，这可能对其新产品和新市场的拓展形成一定的阻碍。该变量取对数形式。

企业规模（size）。异质性企业理论认为，大规模企业有明显的成本优势。与小规模企业相比，大规模企业拥有更充足的资金、更丰富的人力资本和更先进的技术，进而在出口多样化过程中拥有更大的优势。本章采用年平均就业人数的对数来衡量企业规模。

是否为外资企业（fie）。内资和外资企业与当地企业的联系不尽相同，在扩展出口范围过程中的动机、行为和模式也存在显著的差异，当企业注册资本中的外资占比较大时，fie 取 1，否则取 0。

资本劳动比（kl）。企业比较优势对出口产品和市场的扩张具有重要影响，本章采用资本劳动比的对数值来刻画企业是否符合比较优势。

竞争程度（HHI）。本章采用赫芬达尔指数反映行业竞争程度，由各企业市场份额平方之和来表示：$HHI = \sum_{i=1}^{N} (\tau_i/\tau)^2$。其中 τ_i 表示企业 i 的市场规模，τ 表示市场总规模，本章以企业出口额作为市场份额。HHI 越高，竞争程度越小；反之则越大。

企业贸易类型（trade）。不同贸易类型的企业的出口扩张模式存在较大差别，因此本章将企业按贸易类型分为三类：一般贸易企业（general），即仅从事一般贸易的企业；加工贸易企业（process），即仅从事加工贸易的企业；混合贸易企业（mixed），即同时从事一般贸易和加工贸易的企业。

经济规模（gdp）和市场距离（dist）。本章采用取对数的 GDP 表示出口目的国的经济规模，经济规模越大，市场需求潜力越大，则出口扩展边际表现越好。GDP 的数据来源于世界银行，其中中国台湾的数据来源于国际货币基金组织，并以 2000 年为基期，采用历年各国（地区）GDP 平减指数消除价格影响。市场距离用北京与出口目的市场首都或主要城市的地球表面距离的对数来表示。

是否为城市比较优势产品（RCA[1]）。为确保与当地产品的关联度指标对企业出口扩展边际的影响没有包括当地该种产品生产专业化的作用，本章加入了是否为企业所在城市具有比较优势的产品的虚拟变量，当产品是企业所在城市具有比较优势的产品时，RCA[1] 取 1，否则取 0（Boschma et al.，2013）。各个变量的描述性统计如表 6-1 所示。

表 6-1　变量的描述性统计

变量	观测值	均值	标准差	最小值	最大值
lnext	1433502	8.9519	2.3906	0.0000	21.4927
relatedness	1433502	0.1922	0.1184	0.0000	1.0558
proximity	1433502	0.5127	0.4688	0.0000	6.3680
tfp	1433502	1.1677	0.2672	0.0001	2.2212
age	1433502	1.9772	0.7476	0.0000	4.0604
size	1433502	5.5960	1.2746	0.6931	11.9638
fie	1433502	0.2070	0.4052	0.0000	1.0000
kl	1433502	3.6823	1.2970	0.0000	10.4551
HHI	1433502	0.0209	0.0375	0.0009	0.8875
general	1433502	0.4867	0.4998	0.0000	1.0000
process	1433502	0.0783	0.2686	0.0000	1.0000
mixed	1433502	0.4311	0.4952	0.0000	1.0000
gdp	1433502	26.4791	2.7732	16.7186	30.2599
dist	1433502	8.4916	1.4605	0.6931	9.8677
RCA[1]	1433502	0.6946	0.4606	0.0000	1.0000

第三节　实证分析与稳健性检验

一、特征事实

表6-2列示了2001~2006年五种新增出口关系的观测值，可以发现，样本区间新增出口关系的数量呈逐年上升的趋势，这说明中国企业扩展出口范围的速度每年都有所提高。其中，"旧企业—旧产品—新市场"占据的比重最大，这说明在位企业将已出口的产品销往其他市场是中国企业扩展出口范围的主要方式。"旧企业—新产品—新市场"占据的比重最小，这说明在位企业较少同时在产品和市场两个维度扩展出口范围，可能因为这种模式面临较高的不确定性。从表6-3可以看出，中国企业的"其他低技术产品"（LT2）的新增出口关系最多，随后依次是"纺织服装和鞋类产品"（LT1）、"工程产品"（MT3）和"电力设备"（HT1）。但就新增出口的总金额和平均额而言，"电力设备"明显高于其他类别的产品，而"其他低技术产品"和"纺织服装和鞋类产品"却偏低，这说明技术密集度较低的产品的出口扩张带来的收益有限。

表6-2　新增出口类型的分布　　单位：个

年份	新企业 新产品 新市场	旧企业 旧市场 新产品	旧企业 旧产品 新市场	旧企业 新产品 新市场	旧企业 旧产品 旧市场	总计
2001	20382	24214	40976	10618	23999	120189
2002	18739	31419	53646	12210	31830	147844
2003	26309	35191	64176	12884	39139	177699
2004	93861	45385	91786	18333	55428	304793
2005	36492	57487	124146	23100	73636	314861
2006	103851	53330	121244	21473	68218	368116
总计	299634	247026	495974	98618	292250	1433502

表 6-3　新增出口产品的种类分布

产品类别	观测值（个）	总金额（万）	平均额（万）	产品类别	观测值（个）	总金额（万）	平均额（万）
PP	38274	625000	16.334	MT1	30150	339000	11.233
RB1	77085	673000	8.736	MT2	96320	1380000	14.315
RB2	72452	774000	10.656	MT3	213009	2680000	12.560
LT1	335662	2670000	7.941	HT1	122042	5900000	48.346
LT2	412105	2250000	4.840	HT2	33574	441000	13.135

注：PP 表示初级产品、RB1 表示农业资源性产品、RB2 表示其他资源性产品，LT1 表示纺织服装和鞋类产品、LT2 表示其他低技术产品、MT1 表示陆用车辆、MT2 表示加工产品、MT3 表示工程产品、HT1 表示电力设备、HT2 表示其他高技术产品。

二、基本实证估计

表 6-4 给出了基本回归结果，各列均控制了年份、城市、行业固定效应。列（1）~列（2）显示，在没有加入控制变量的情况下，企业产品关联每增加 1 个单位，企业新增出口额上升 89.28 个百分点，企业市场邻近每增加 1 个单位，企业新增出口额上升 7.28 个百分点，这意味着企业在扩展出口范围的过程中，新增出口与当地其他企业的出口产品关联和出口市场的邻近表现为促进效应。列（3）中将产品关联、市场邻近一起同新增出口额进行回归，发现二者回归系数仍然在 1% 的水平下显著为正。在此基础上，列（4）中引入企业特征、出口目的国特征控制变量，在其他条件不变的条件下，产品关联和市场邻近的回归系数均在 1% 的水平下显著为正。为了控制企业所在城市的专业化作用，列（5）加入是否为城市比较优势产品（RCA[1]）虚拟变量，在其他条件不变的情况下，产品关联每提高 1 个单位，企业新增出口额上升 21.73 个百分点，市场邻近每提高 1 个单位，企业新增出口额上升 5.35 个百分点。此实证结果从经验上证明了产品关联和市场邻近对企业出口扩展边际具有促进作用。

控制变量的回归结果基本符合已有关于出口扩展边际检验的结论。生产效率（tfp）越高、规模（size）越大的企业盈利能力更强，越容易拓展新的产品或市场。企业存续年限（age）反而会抑制企业出口扩展边际，老企业已投入较多的沉没成本，倾向于维持已有出口关系。外资企业（fie）的影响系数为正，这是由于外资企业对国际市场有更加充分的了解，在扩展出口范围过程中具有信息优势，出口扩展边际表现得更好。市场规模（gdp）越大，出口扩展边际表现得越好。资本劳动比（kl）越大，企业人均资本越高，扩展边际表现得越好。行业竞争程度（HHI）越低，企业出口门槛越低，且要素成本越低，扩展边际表现得越好。加工贸易企业（process）多为外资企业，相比一般贸易企业（general）和混合贸易企业（mixed），其对国际市场有更好的了解，因而扩展边际表现更好。距离对出口扩展边际的影响为正，可能的原因是出口单位价值随距离的增加而增加（Baldwin and Harrigan，2011）。[①] 是否为城市比较优势产品（RCA^1）虚拟变量影响系数在1%的水平下显著为正，这说明当地产品的专业化显著提高了出口扩展边际的表现。

表6-4　基本回归

解释变量	（1）	（2）	（3）	（4）	（5）
relatedness	0.8928 *** (0.0602)		0.8937 *** (0.0602)	0.9118 *** (0.0596)	0.2173 *** (0.0563)
proximity		0.0728 *** (0.0074)	0.0732 *** (0.0074)	0.0561 *** (0.0073)	0.0535 *** (0.0071)
tfp				0.1014 *** (0.0332)	0.1051 *** (0.0316)
age				−0.1460 *** (0.0141)	−0.1435 *** (0.0133)
size				0.0678 *** (0.0107)	0.0606 *** (0.0101)
fie				0.0906 *** (0.0186)	0.0819 *** (0.0178)
kl				0.0428 *** (0.0068)	0.0539 *** (0.0067)

① 本章加总新增出口关系额，得到每个市场的新增出口额，将新增出口额同市场距离回归，影响系数显著为负，这说明在国家层面与引力模型的预测相同，距离对出口扩展边际有抑制作用。但本章被解释变量是新增"企业—市场—产品"的关系金额，出口距离越远，产品定价也越高，因而距离的估计系数为正。

续表

解释变量	（1）	（2）	（3）	（4）	（5）
HHI				0.6909* （0.4241）	0.9014** （0.4149）
process				0.4331*** （0.0467）	0.3909*** （0.0453）
mixed				−0.2022*** （0.0213）	−0.2009*** （0.0201）
gdp				0.0078*** （0.0018）	0.0119*** （0.0017）
dist				0.0376*** （0.0023）	0.0268*** （0.0023）
RCA′					0.8017*** （0.0146）
年份效应	Yes	Yes	Yes	Yes	Yes
城市效应	Yes	Yes	Yes	Yes	Yes
行业效应	Yes	Yes	Yes	Yes	Yes
样本数	1433502	1433502	1433502	1433502	1433502
R^2	0.0711	0.0701	0.0713	0.0777	0.0979

注："***""**""*"分别表示在1%、5%、10%的水平下显著，括号内为稳健标准误。下表同。

三、稳健性检验

表6-4的估计结果证实了企业在扩展出口范围的过程中，产品关联和市场邻近表现为促进作用，但基本回归结果可能存在估计方面的各种问题。因此，本节将围绕基本回归中可能出现的极端值、竞争效应、特殊经济区、距离因素、样本自我选择偏差等方面的影响，对基本回归结果进行稳健性分析。

（一）剔除可能出现的极端值和特殊经济区

为了处理可能出现的极端值，笔者在表6-5列（1）中对新增出口额在1%的水平上进行了双边缩尾处理，列（2）中对新增出口额在1%的水平上进行了双边截尾处理。此外，既有研究表明中国的一些特殊经济区因有税收优惠的支持，且其经济发展迅速、行政审批便利、对外开放程度较高，从而企业出口往往表现得更好（Amiti and Freund，2010；Wang and Wei，2010）。为了确保基本结论不受特殊经济区的影响，借鉴 Poncet 和 De Waldemar（2013）的做法，列（3）～列（6）分别剔除了位于直辖市和经济特区、经济和技术开发区、高新技术和产业开发区、出口加工区的企业样本。从各列估计结果中不难发现，影响系数虽略有变化，但在 1% 的水平下显著，产品关联、市场邻近影响系数均为正。

表6-5　稳健性检验（Ⅰ）

解释变量	（1） lnext 双边 缩尾 1%	（2） lnext 双边 截尾 1%	（3） 剔除直辖市 和经济特区	（4） 剔除经济和 技术开发区	（5） 剔除高新技术 和产业开发区	（6） 剔除出口 加工区
relatedness	0.2082*** （0.0557）	0.1477*** （0.0498）	0.2846*** （0.0616）	0.5812*** （0.0855）	0.2592*** （0.0820）	0.4214*** （0.0808）
proximity	0.0531*** （0.0070）	0.0517*** （0.0063）	0.0493*** （0.0072）	0.0625*** （0.0090）	0.0523*** （0.0085）	0.0606*** （0.0084）
tfp	0.1099*** （0.0309）	0.0698*** （0.0268）	0.1286*** （0.0328）	0.2455*** （0.0373）	0.2338*** （0.0347）	0.1948*** （0.0399）
age	−0.1444*** （0.0131）	−0.1244*** （0.0120）	−0.1395*** （0.0122）	−0.1411*** （0.0146）	−0.1427*** （0.0145）	−0.1460*** （0.0149）
size	0.0628*** （0.0099）	0.0407*** （0.0081）	0.0619*** （0.0106）	0.0680*** （0.0123）	0.0743*** （0.0141）	0.0577*** （0.0126）
fie	0.0808*** （0.0176）	0.0796*** （0.0159）	0.0584*** （0.0170）	0.0475*** （0.0208）	0.0243 （0.0187）	0.0514*** （0.0193）
kl	0.0545*** （0.0066）	0.0412*** （0.0059）	0.0604*** （0.0071）	0.0440*** （0.0081）	0.0497*** （0.0081）	0.0551*** （0.0079）
HHI	0.8985** （0.4099）	0.5873 （0.3617）	0.3709 （0.4831）	−0.6809 （0.5362）	−0.2979 （0.4168）	0.0965 （0.6314）
process	0.3891*** （0.0447）	0.2612*** （0.0393）	0.3379*** （0.0535）	0.2953*** （0.0522）	0.1015 （0.0623）	0.2479*** （0.0582）
mixed	−0.1974*** （0.0198）	−0.1920*** （0.0179）	−0.2464*** （0.0194）	−0.1478*** （0.0247）	−0.2635*** （0.0229）	−0.2286*** （0.0245）
gdp	0.0126*** （0.0017）	0.0108*** （0.0016）	0.0164*** （0.0017）	0.0206*** （0.0020）	0.0248*** （0.0018）	0.0198*** （0.0019）
dist	0.0264*** （0.0022）	0.0271*** （0.0020）	0.0260*** （0.0025）	0.0236*** （0.0029）	0.0182*** （0.0030）	0.0234*** （0.0029）

续表

解释变量	（1） lnext 双边 缩尾 1%	（2） lnext 双边 截尾 1%	（3） 剔除直辖市 和经济特区	（4） 剔除经济和 技术开发区	（5） 剔除高新技术 和产业开发区	（6） 剔除出口 加工区
RCA[1]	0.7907 *** （0.0142）	0.6909 *** （0.0120）	0.8552 *** （0.0159）	0.8645 *** （0.0182）	0.8549 *** （0.0192）	0.9003 *** （0.0193）
年份效应	Yes	Yes	Yes	Yes	Yes	Yes
城市效应	Yes	Yes	Yes	Yes	Yes	Yes
行业效应	Yes	Yes	Yes	Yes	Yes	Yes
样本数	1433502	1404517	1060227	794974	668045	811510
R^2	0.0985	0.0956	0.1082	0.1135	0.1163	0.1218

（二）可能存在的竞争效应

产品关联和市场邻近虽然能够通过要素禀赋优势、范围经济和规模经济、知识外溢效应等渠道提升企业出口扩展边际的表现，但出口产品或市场的过度相似也可能带来出口市场和要素市场的恶性竞争，抑制企业出口扩展边际。为了进一步探讨抑制效应是否存在，笔者在表6-6列（1）中改变了产品关联和市场邻近的衡量方法，将产品关联定义为，当地其他企业上年相同 HS-4 分位产品的出口金额之和的对数；将市场邻近定义为，当地其他企业上年出口到相同市场的金额之和的对数。可以发现，尽管影响系数大小存在一定差异，但产品关联、市场邻近的影响系数仍然在1%的水平下显著为正，这说明企业新增出口与当地企业出口的产品和市场不仅是关联或邻近，更是完全相同，产品关联和市场邻近仍然表现为促进作用。中国企业拓展出口范围面向全球市场，在此过程中不但要与本国出口企业竞争，同样还需应对其他国家出口企业和进口国本土企业的竞争，而且国际市场更接近于完全竞争市场，因此是促进效应而不是竞争效应发挥主导作用。

（三）考虑距离因素下的检验结果

基本回归将企业所在城市视为城市化极点，抽象掉了企业间的距离因素。然而，根据产业区理论，区域内个体距离越近，彼此交换信息的成本就越小。地理邻近的企业的产业链关联更为紧密，相应人力资本、技术的流动也更加频繁，所以企业更容易从所在城市的其他企业处获得出口信息（Fernandes and Tang，

2014），而且中国幅员辽阔，距离对企业间出口信息传递的阻碍作用不能忽视。例如，相比位于义乌的企业，产品关联和市场邻近可能更难通过要素共享、范围经济和规模经济、知识外溢等渠道促进新疆企业的出口扩展边际。鉴于此，笔者在表 6-6 列（2）中采用产品关联密度，即产品关联度与所在城市行政区面积的比值，来反映企业与所在城市其他企业的产品关联程度；采用市场邻近密度，即市场邻近度与所在城市行政区面积的比值，来反映企业与所在城市其他企业的市场邻近程度。[①] 结果表明，产品关联密度、市场邻近密度的影响系数仍然在 1% 的水平下显著为正。在考虑距离因素的条件下，新增出口与企业所在城市其他企业的产品关联密度、市场邻近密度对出口扩展边际具有促进作用，本章的基本回归结果是稳健的。

（四）更宽泛产品分类标准下的检验结果

产品分类划分地越宽泛，相似出口产品之间的替代和竞争作用越小，但同时企业从相似出口产品中获得的出口信息和知识也越模糊，规模经济和范围经济对出口多元化的促进也越小。为了验证在更宽泛的产品分类下，新增出口与当地出口产品关联的影响，表 6-6 列（3）中采用 HS-2 分位产品分类构建了产品空间，并据此计算了企业新增出口与当地其他企业出口产品的关联。回归结果表明，新增出口与当地其他企业出口产品关联、出口市场邻近的影响系数在 1% 的水平下显著为正，产品关联每增加 1 个单位，企业新增出口额上升 106.43 个百分点，市场邻近每增加 1 个单位，企业新增出口额上升 1.14 个百分点。相比 HS-4 分位产品分类下的回归结果，在更宽泛的产品分类下，产品关联对企业出口多元化的促进更明显。

表 6-6 稳健性检验（Ⅱ）

解释变量	（1） 相同产品 市场关联	（2） 考虑距离 因素关联	（3） HS-2 分位	（4） RCA 以 中国份额	（5） RCA 以 不同门槛	（6） Heckman 两步法
relatedness	0.1354 *** （0.0026）	1743.4220 *** （324.1922）	1.0643 *** （0.0607）	0.2188 *** （0.0556）	0.1063 *** （0.0410）	0.2155 *** （0.0216）

---

① 企业所在城市行政面积数据来自相关年份的《中国城市统计年鉴》。

续表

解释变量	（1） 相同产品 市场关联	（2） 考虑距离 因素关联	（3） HS-2 分位	（4） RCA 以 中国份额	（5） RCA 以 不同门槛	（6） Heckman 两步法
proximity	0.0198 *** （0.0025）	222.7369 *** （36.0158）	0.0114 *** （0.0025）	0.0175 *** （0.0068）	0.0330 *** （0.0070）	0.0536 *** （0.0042）
tfp	0.0826 *** （0.0311）	0.1072 *** （0.0316）	0.1500 *** （0.0274）	0.0784 ** （0.0321）	0.1033 *** （0.0317）	0.3123 *** （0.0137）
age	−0.1339 *** （0.0130）	−0.1433 *** （0.0131）	−0.1618 *** （0.0115）	−0.1468 *** （0.0135）	−0.1488 *** （0.0134）	−0.1974 *** （0.0041）
size	0.0531 *** （0.0098）	0.0607 *** （0.0102）	0.0851 *** （0.0089）	0.0575 *** （0.0101）	0.0644 *** （0.0101）	0.1536 *** （0.0052）
fie	0.0773 *** （0.0173）	0.0814 *** （0.0178）	0.0781 *** （0.0168）	0.1644 *** （0.0218）	0.1501 *** （0.0213）	0.0860 *** （0.0050）
kl	0.0544 *** （0.0066）	0.0549 *** （0.0067）	0.0566 *** （0.0062）	0.0480 *** （0.0067）	0.0570 *** （0.0068）	0.0559 *** （0.0018）
HHI	0.8939 ** （0.4072）	0.8908 ** （0.4144）	0.8020 ** （0.3687）	0.7496 * （0.4138）	0.8575 ** （0.4087）	0.9210 *** （0.1247）
process	0.3655 *** （0.0447）	0.3860 *** （0.0454）	0.3908 *** （0.0375）	0.3999 *** （0.0464）	0.3964 *** （0.0453）	0.3788 *** （0.0098）
mixed	−0.1877 *** （0.0194）	−0.2016 *** （0.0201）	−0.1717 *** （0.0181）	−0.1743 *** （0.0204）	−0.1889 *** （0.0202）	−0.2018 *** （0.0046）
gdp	0.0070 *** （0.0020）	0.0120 *** （0.0017）	0.0081 *** （0.0014）	0.0145 *** （0.0017）	0.0131 *** （0.0017）	0.0119 *** （0.0007）
dist	0.0283 *** （0.0022）	0.0267 *** （0.0023）	0.0310 *** （0.0021）	0.0325 *** （0.0024）	0.0278 *** （0.0024）	0.0272 *** （0.0013）
RCA[1]	0.3375 *** （0.0137）	0.7952 *** （0.0144）	0.6832 *** （0.0142）	0.6929 *** （0.0126）	0.8018 *** （0.0149）	2.0656 *** （0.0662）
年份效应	Yes	Yes	Yes	Yes	Yes	Yes
城市效应	Yes	Yes	Yes	Yes	Yes	Yes
行业效应	Yes	Yes	Yes	Yes	Yes	Yes

续表

解释变量	(1) 相同产品 市场关联	(2) 考虑距离 因素关联	(3) HS-2 分位	(4) RCA 以 中国份额	(5) RCA 以 不同门槛	(6) Heckman 两步法
样本数	1433502	1433502	1037867	1433502	1433502	9847626
R^2	0.1124	0.0980	0.0991	0.0949	0.0976	—
mills λ						1.2165 *** (0.0636)
Wald chi2 Prob>Chi2	—	—	—	—	—	105664.67 (0.0000)
截尾样本						8414124
未截尾						1433502

（五）改变比较优势的衡量方法

为避免不同比较优势的衡量方法对回归结果产生影响，表6-6列（4）~列（5）采用不同方法计算城市的产品和市场的比较优势。在列（4）中，以中国作为基准，采用 t 年 l 城市 i 产品出口占其所有产品出口的份额与 t 年中国产品 i 出口占中国总出口的份额的比值来计算 l 城市 i 产品的比较优势 RCA_i^l，以 t 年 l 城市 n 市场出口占其所有市场出口的份额与 t 年中国在市场 n 出口占中国总出口的份额的比值来计算 l 城市 n 市场的比较优势 $MRCA_n^l$。在列（5）中，放宽了产品和市场比较优势的标准，若 $RCA_i^l > 0.5$，即认为 l 城市 i 产品具有比较优势；若 $MRCA_n^l > 0.5$，即认为 l 城市 n 市场具有比较优势。结果表明，在1%的水平下显著，新增出口与当地其他企业出口产品关联、市场邻近的影响系数为正，同样支持了本章关于产品关联和市场邻近促进了企业出口扩展边际的结论。

（六）样本自我选择的处理

样本自我选择可能造成回归结果的偏差。以上模型的回归结果均是以新增的"企业—产品—市场"作为研究样本得到的，可能存在样本自我选择带来的偏差。鉴于此，本章考虑采用 Heckman 两步法解决上述问题。根据 Heckman 两步法的分析思路，构建第一步的选择方程如下：

$$extp_{finlt} = \gamma_0 + \gamma_1 lntfp_{ft} + \gamma_2 size_{ft} + \gamma_3 lnage_{ft} + \gamma_4 lnRCA_{ilt} + \gamma_5 lnsubsidy_{ft} + \varepsilon_{finlt} \qquad (6.7)$$

其中，虚拟变量 $extp_{finlt}$ 表示是否是新增的"企业—产品—市场"，包括实际新增的和潜在未发生的"企业—产品—市场"关系，但不包括上年已经发生的"企业—产品—市场"关系，若实际新增出口关系则为 1，若潜在未发生出口关系则为 0。但存在的问题是，2001~2006 年中国工业企业数据库与海关数据库匹配成功的企业共有 228176 家，HS-4 分位产品共有 1242 种，全球市场共有 224 个，那么，所有可能的"企业—产品—市场"的组合多达 63480388608 个，巨大的工作量使得计算并不可行。因此，本章采取替代方法：据测算，2000~2006 年平均每家企业出口 8.2 种产品（HS-4 分位），出口到 5.6 个市场，结果与 Fernandes 和 Tang（2014）的结论相当。笔者一是为 228176 家企业中的每家企业都随机分配 8 个产品，构建 1825408 个"企业—产品"组合，再为每个"企业—产品"组合随机分配 6 个市场，得到 1095244 个"企业—产品—市场"的组合。二是将构建的 10952448 个"企业—产品—市场"组合与实际新增的 1433502 个"企业—产品—市场"合并，并剔除其中重复的和上年已经发生的"企业—产品—市场"，从而得到 Heckman 两步法的实证样本。选择方程的解释变量包括企业的全要素生产率（tfp）、企业规模（size）、企业存续年限（age）、是否为城市比较优势产品（RCA^1）和企业补贴（lnsubsidy），用于控制企业在出口多样化决策中的自我选择效应（Eaton et al.，2004）。

表 6-6 列（6）列示了使用 Heckman 两步法的估计结果，可以发现，在 1% 的显著水平下，新增出口与当地其他企业的产品关联和市场邻近影响系数仍然为正，并且模型控制变量的显著性和系数也没有出现明显的变化。另外，对逆米尔斯比率的检验结果显著，这表明 Heckman 两步法是合理的，能够纠正样本的自我选择。

（七）内生性问题

本章基本回归过程中采用的是当期新增出口关系与上一期同一城市的企业出口的产品关联和市场邻近作为核心解释变量，这在一定程度上可以缓解变量间可能存在的双向因果导致的内生性问题，不过为了稳健起见，这里采用当期新增出口关系与滞后两期同一城市的企业出口的产品关联和市场邻近作为工具变量，采用两阶段最小二乘法来处理潜在的内生性问题。表 6-7 报告了 2SLS 的回归结果，并利用 Kleibergen-Paap rk LM 和 Kleibergen-Paap rk Wald F 统计量检验工具变量的"识别不足"和"弱识别"问题，结果在1%的水平下拒绝"识别不足"和"弱识别"的原假设，证明工具变量的选择合理，本章的结论是可信的。

表6-7 内生性检验

解释变量	(1)	(2)
relatedness	0.1169*** (0.0375)	
proximity		0.2723*** (0.0472)
控制变量	Yes	Yes
Kleibergen-Paap rk LM 统计量	1750.681***	543.066***
Kleibergen-Paap rk Wald F 统计量	2236.437***	767.584***
年份/城市/行业	Yes	Yes
样本数	1291244	1291244
R^2	0.0980	0.0964

总之，上述各稳健性检验的结果表明，本章基本回归得出的结论是稳健可靠的。

第四节 扩展检验结果与分析

一、群体差异性检验

为了得到更为细化的结论，本节基于出口扩展边际类型、出口产品类别、贸易模式和所在地区对样本进行划分，进而考察产品关联和市场邻近对出口扩展边际影响群体的差异性。

（一）区分新增出口类型的回归结果

企业实现出口多样化的方式不同，产品关联和市场邻近对其影响也存在差异。表6-8列（1）～列（5）分别列示了对"新企业—新产品—新市场"、"旧企业—旧市场—新产品"、"旧企业—旧产品—新市场"、"旧企业—新产品—新市场"、"旧企业—旧产品—旧市场"五种新增出口类型子样本的分组估计结果，对比发现，产品关联对"旧企业—旧市场—新产品"和"旧企业—旧产品—旧市场"影响系数在1%的水平下显著为正，但对其他类型出口扩展边际的影响并不显著。可能的原因在于，对于"旧企业—旧市场—新产品"类型新增出口，企业开发新的出口产品需要以当地具有比较优势的产品为基础（Lo Turco and Maggioni，2016），产品关联通过要素禀赋优势对新增出口的促进作用更大。对于"旧企业—旧产品—旧市场"类型新增出口，企业仅需将原有出口产品和市场重新组合搭配，产品关联通过范围经济和规模经济对新增出口的促进作用更大。对于"旧企业—旧产品—新市场"，企业无须拓展出口产品种类，因而产品关联的影响并不明显。对于"新企业—新产品—新市场"和"旧企业—新产品—新市场"，企业需要同时拓展出口产品和市场，所面临的阻力最大，如何规避出口市场风险是企业的首要问题，出口扩展边际没有受到产品关联的显著影响。此外，列（1）显示，是否为城市比较优势产品的影响系数在所有类型的新增出口中最大，这进一步表明新进入国际市场的企业与当地出口企业的产品关联尚不紧密，产品关联没有显著影响，而当地产品专业化程度对其出口扩展边际表现起决定性作用。

市场邻近对各类型新增出口的影响系数都在1%或5%的水平下显著为正，且对"旧企业—旧产品—新市场"影响系数最大，随后依次为"旧企业—新产品—新市场"和"新企业—新产品—新市场"。也就是说，市场邻近对"新市场"类型新增出口有更大的影响。原因在于，企业在扩展出口范围的过程中面临较大的供需不确定性，须支付一定的沉没成本。例如，为满足当地消费者的需求偏好、符合环境保护的要求等，企业需要对产品的生产工序、要素投入、销售网络等进行调整，特别是对需要适应新市场的企业尤为明显（Morales et al.，2011）。因此，市场邻近通过知识外溢效应、信息搜寻成本对"新市场"类型出口扩展边际的促进作用更明显。

表 6-8　不同类型新增出口的回归结果

解释变量	（1） 新企业 新产品 新市场	（2） 旧企业 旧市场 新产品	（3） 旧企业 旧产品 新市场	（4） 旧企业 新产品 新市场	（5） 旧企业 旧产品 旧市场
relatedness	−0.0104 （0.1111）	0.5703*** （0.0844）	−0.0676 （0.0705）	0.1358 （0.1242）	0.4477*** （0.0976）
proximity	0.0600*** （0.0143）	0.0424** （0.0170）	0.0690*** （0.0078）	0.0648** （0.0254）	0.0338** （0.0134）
tfp	0.2031*** （0.0468）	−0.0563 （0.0462）	0.3438*** （0.0294）	0.0320 （0.0680）	0.0770 （0.0612）
age	−0.0955*** （0.0135）	−0.0508** （0.0211）	−0.1067 （0.1228）	−0.0088 （0.0240）	−0.0374 （0.0295）
size	0.1279*** （0.0124）	−0.0148 （0.0127）	0.1081*** （0.0087）	0.0417*** （0.0156）	0.0221 （0.0169）
fie	0.0368 （0.0281）	0.0658** （0.0292）	0.0665*** （0.0156）	0.1251*** （0.0381）	0.0749** （0.0309）
kl	0.0452*** （0.0104）	−0.0097 （0.0102）	0.0771*** （0.0067）	0.0184 （0.0144）	0.0416*** （0.0133）
HHI	0.4159 （0.7685）	0.9546 （0.6349）	1.1893*** （0.4072）	1.2939 （0.9619）	0.8773 （0.7356）
process	0.7841*** （0.0689）	0.8664*** （0.0687）	0.0271 （0.0392）	0.6477*** （0.1009）	−0.0221 （0.0919）
mixed	0.1206*** （0.0286）	−0.1292*** （0.0268）	−0.0905*** （0.0199）	−0.0311 （0.0363）	−0.1986*** （0.0356）
gdp	0.0489*** （0.0028）	0.0173*** （0.0041）	0.0305*** （0.0017）	0.0238*** （0.0040）	0.0506*** （0.0034）
dist	−0.0030 （0.0043）	0.0061 （0.0048）	0.0169*** （0.0027）	0.0040 （0.0070）	0.0194*** （0.0043）
RCA[1]	0.7847*** （0.0251）	0.5800*** （0.0155）	0.4535*** （0.0197）	0.5909*** （0.0248）	0.6534*** （0.0256）
年份效应	Yes	Yes	Yes	Yes	Yes
城市效应	Yes	Yes	Yes	Yes	Yes
行业效应	Yes	Yes	Yes	Yes	Yes
样本数	299634	247026	495974	98618	292250
R^2	0.1024	0.1046	0.0947	0.1201	0.1250

（二）区分产品类别的回归结果

对于中国企业出口扩展边际而言，不同类别产品新增出口关系的数量、金额均有较大差异，因此有必要考虑产品关联、市场邻近对不同类别产品出口扩展边际的影响。借鉴 Lall（2000）的做法，本章将 HS-4 分位共计 1242 种产品划分为五大类：初级产品（PP）、资源性产品（RB）、低技术产品（LT）、中等技术产品（MT）、高技术产品（HT）。表 6-9 列示了不同产品类别分组的回归结果：产品关联对低技术产品、中等技术产品、高技术产品的影响系数显著为正，这说明产品关联促进了中国企业低技术产品、中等技术产品、高技术产品的出口扩展边际，并且对中等技术产品的促进作用最大，但对初级产品、资源性产品的影响系数较小且不显著。总体来说，将各类产品按技术从高到低排列，产品关联的影响系数大致呈倒"U"形分布。这可能是由于中国要素禀赋结构的逐步升级为企业中等技术产品出口扩展边际提供了要素基础，产品关联通过要素禀赋优势对中等技术产品出口扩展边际的促进作用较大。初级产品、资源性产品、低技术产品处于产品空间边缘，产品间较低的关联密度使知识溢出效应有限，因而产品关联对出口扩展边际的促进作用较小。此外，中国企业高技术产品的出口较依赖于加工贸易，即进口技术含量较高的中间投入品，之后再进行组装出口（芬斯特拉和魏尚进，2013），高技术产品出口"根植性"较浅（金碚等，2013），且缺乏高级要素基础，因而产品关联对高技术产品出口扩展边际的促进作用较小。

市场邻近对初级产品、资源性产品、低技术产品和中等技术产品新增出口额的影响系数都显著为正，这说明市场邻近促进了这些类别产品的出口扩展边际，并且对初级产品的促进作用最大，但对高技术产品的影响系数并不显著。可能的原因在于，一方面，初级产品是中间产品和最终产品的物质基础，一般在生产中间产品或最终产品的过程中被消耗掉了，由于邻近国家（地区）的要素禀赋、需求偏好相近（陈勇兵等，2015），生产部门对初级产品的需求也较为相似，因而市场邻近对初级产品出口扩展边际的促进作用更大；另一方面，高技术产品的技术标准化程度较高，不同市场的同种产品间的类型、性能、规格、质量、所用原材料、工艺装备和检验方法等差异相对较小，市场邻近对出口多元的影响并不显著。

表6-9 不同产品种类新增出口的回归结果

解释变量	（1）初级产品	（2）资源性产品	（3）低技术产品	（4）中等技术产品	（5）高技术产品
relatedness	−0.0719	0.0418	0.6018***	0.7392***	0.3136*
	(0.2329)	(0.1310)	(0.0724)	(0.1029)	(0.1628)
proximity	0.1142***	0.0427***	0.0529***	0.0692***	0.0051
	(0.0356)	(0.0157)	(0.0087)	(0.0111)	(0.0184)
tfp	0.2026***	0.0640	−0.0227	0.1157**	0.2650***
	(0.0761)	(0.0530)	(0.0344)	(0.0467)	(0.0744)
age	−0.1304***	−0.1307***	−0.1211***	−0.1557***	−0.2537***
	(0.0304)	(0.0216)	(0.0152)	(0.0163)	(0.0289)
size	0.0344	0.0270*	0.0198*	0.0506***	0.0983***
	(0.0214)	(0.0145)	(0.0109)	(0.0138)	(0.0227)
fie	0.1043**	0.1109***	0.0751***	0.0920***	0.0962**
	(0.0456)	(0.0298)	(0.0211)	(0.0242)	(0.0407)
kl	−0.0108	0.0565***	0.0201**	0.0566***	0.0955***
	(0.0179)	(0.0125)	(0.0081)	(0.0096)	(0.0174)
HHI	−1.6829	−0.2137	0.2331	−0.0318	1.7622***
	(1.7789)	(0.7562)	(0.6762)	(0.5912)	(0.6005)
process	0.8812***	0.5311***	0.2431***	0.4124***	0.4533***
	(0.1307)	(0.1052)	(0.0449)	(0.0726)	(0.0921)
mixed	−0.2761***	−0.0936**	−0.1929***	−0.0663**	0.0410
	(0.0519)	(0.0384)	(0.0220)	(0.0275)	(0.0486)
gdp	−0.0060	0.0287***	0.0238***	0.0065***	0.0351***
	(0.0057)	(0.0029)	(0.0019)	(0.0024)	(0.0044)
dist	0.0230***	0.0085*	0.0403***	0.0169***	−0.0059
	(0.0084)	(0.0046)	(0.0029)	(0.0036)	(0.0053)
RCA[1]	0.6945***	0.6398***	0.9563***	0.6059***	0.4598***
	(0.0443)	(0.0273)	(0.0166)	(0.0218)	(0.0418)
年份效应	Yes	Yes	Yes	Yes	Yes
城市效应	Yes	Yes	Yes	Yes	Yes
行业效应	Yes	Yes	Yes	Yes	Yes
样本数	38274	149537	747767	339479	155616
R^2	0.2086	0.2041	0.1626	0.1087	0.0925

（三）区分贸易类型的回归结果

一般贸易和加工贸易的生产组织模式有较大的差异：一般贸易企业需要承担出口产品从研发设计到生产销售等全部增值环节，而加工贸易企业通常是全球生产网络的一部分，只承担出口产品的加工组装。表6-10列（1）~列（2）显示了一般贸易、加工贸易子样本组的分组回归结果：一般贸易产品关联的影响系数并不显著，且远小于加工贸易产品关联的影响系数；一般贸易市场邻近的影响系数大于加工贸易的；一般贸易是否为城市比较优势产品的影响系数明显大于加工贸易的。这些结果可能的解释是，一方面，加工贸易多为外资企业且规模较大，对国际市场有更好的了解，扩展出口范围所需要的信息搜寻成本较小，市场邻近对其出口扩展边际的促进作用较小，但加工贸易一般是跨国公司全球生产网络中的一环，需要依靠当地要素禀赋优势和相关产业的支撑，因而产品关联对加工贸易出口扩展边际的促进作用较大；另一方面，一般贸易多为内资企业，掌握的出口信息较少，出口市场供求信息的不确定性是其需要克服的首要障碍，市场邻近对其出口扩展边际有较大的促进作用，但由于一般贸易企业参与了出口产品的全部增值环节，在生产过程中与其他企业的互动相对较少，企业间的知识外溢效应有限，因而产品关联对一般贸易企业出口扩展边际的促进作用并不明显。

（四）区分地区的回归结果

企业所在地理区位对其出口扩展边际表现具有关键影响，由于独特的地理优势与倾斜性的政策支持，东部沿海地区企业扩展出口范围更为积极。为了进一步考察产品关联、市场邻近对不同区域企业新增出口的影响，本部分将企业按照所在地域划分为东部地区、中部地区和西部地区进行分组检验。表6-10列（3）~列（5）的回归结果表明：东部地区企业新增出口与当地其他企业出口的产品关联和市场邻近的影响系数较大，中部、西部地区产品关联和市场邻近的影响系数并不显著，而是否为城市比较优势产品的影响系数较大。可能的原因在于：一是东部地区的要素市场发达，生产要素的流动性较好，企业更容易通过要素共享获取扩展出口范围所需要的产品和市场信息（白俊红和卞元超，2016）。二是东部地区出口企业空间聚集程度较高，而且出口产品种类丰富，更容易实现规模经济和范围经济（文东伟和冼国明，2014）。三是东部地区的信息发达、基础设施完善，企业在扩展出口范围的过程中，更容易从当地企业获取外溢知识和出口信息（盛丹，2013）。相较而言，中部、西部地区，企业出口结构单一，出口相关联产品的企业的同质竞争严重，信息较闭塞，企业在扩张出口的过程中，从当地其他企业获取的经验较为有限，企业扩展出口范围较依赖于当地生产该种产品的专业化程度。

表6-10 不同贸易类型和分地区的回归结果

解释变量	（1）一般贸易	（2）加工贸易	（3）东部地区	（4）中部地区	（5）西部地区
relatedness	0.0448	0.4898***	0.2501***	0.2854	−0.4121
	(0.0542)	(0.1572)	(0.0577)	(0.2684)	(0.3393)
proximity	0.0616***	0.0305**	0.0588***	0.0204	−0.0320
	(0.0073)	(0.0156)	(0.0073)	(0.0306)	(0.0379)
tfp	−0.0106	0.4726***	0.1127***	0.0879	0.0261
	(0.0335)	(0.0564)	(0.0332)	(0.0685)	(0.1025)
age	−0.1145***	−0.2464***	−0.1516***	−0.0789***	−0.1135***
	(0.0137)	(0.0271)	(0.0142)	(0.0271)	(0.0392)
size	0.0045	0.0712***	0.0547***	0.1034***	0.0701***
	(0.0093)	(0.0212)	(0.0108)	(0.0224)	(0.0253)
fie	0.1208***	0.1932***	0.0972***	−0.0428	−0.0067
	(0.0185)	(0.0370)	(0.0185)	(0.0416)	(0.0542)
kl	0.0065	0.1178***	0.0551***	0.0554***	−0.0325
	(0.0072)	(0.0127)	(0.0069)	(0.0201)	(0.0285)
HHI	1.1727***	−0.4284	0.9649**	1.0889	1.9670
	(0.4522)	(0.9231)	(0.4342)	(1.1947)	(1.3332)
process			0.3926***	0.8033***	1.1456***
			(0.0204)	(0.1870)	(0.3040)
mixed			−0.1912***	−0.1449***	−0.1646*
			(0.0204)	(0.0530)	(0.0843)
gdp	−0.0016	0.0896***	0.0107***	0.0271***	−0.0052
	(0.0018)	(0.0039)	(0.0017)	(0.0050)	(0.0069)
dist	0.0355***	−0.0095**	0.0298***	0.0020	−0.0052
	(0.0024)	(0.0045)	(0.0024)	(0.0081)	(0.0100)
RCA[1]	0.7765***	0.4279***	0.7725***	1.0079***	1.1541***
	(0.0138)	(0.0382)	(0.0153)	(0.0472)	(0.0636)
年份效应	Yes	Yes	Yes	Yes	Yes
城市效应	Yes	Yes	Yes	Yes	Yes

解释变量	（1）一般贸易	（2）加工贸易	（3）东部地区	（4）中部地区	（5）西部地区
行业效应	Yes	Yes	Yes	Yes	Yes
样本数	1158560	257761	1335087	57222	39473
R^2	0.1156	0.1445	0.0927	0.2020	0.2662

二、"以己为鉴"还是"以邻为鉴"

企业在扩展出口范围的过程中，一方面，企业可以自我学习，即从以往出口的产品和市场上积累经验，从而提升出口扩展边际的表现；另一方面，在一定成本约束下，企业为了提高出口产品的国际竞争力，会将资源配置在核心产品和市场上（彭国华和夏帆，2013），企业自身出口的相似产品或邻近市场之间可能会存在替代效应。那么，企业与自身出口产品关联和市场邻近的表现是促进效应还是替代效应呢？是"以己为鉴"还是"以邻为鉴"更能促进企业出口扩展边际的表现呢？显然，这也是本书不容回避且应着力回答的问题。鉴于此，在基本计量模型中进一步加入企业与自身出口产品的关联程度（relatedness$_{fit}$）和企业与自身出口市场的邻近程度（proximity$_{fnt}$）。其中，企业与自身已出口产品的关联程度等于，t年f企业出口i产品与t−1年f企业出口产品的关联之和，与i产品与t−1年产品空间中所有产品的关联之和的比值，计算式如下：

$$relatedness_{fit} = \frac{\sum_{j \in f^{t-1}} \phi_{ij}^{t-1}}{\sum \phi_{ij}^{t-1}} \tag{6.8}$$

企业与自身已出口市场的邻近程度等于，t年f企业出口n市场与t−1年f企业出口市场的邻近度之和，与n市场与所有市场的邻近度之和的比值，计算式如下：

$$proximity_{fnt} = \frac{\sum_{m \in f^{t-1}} \varphi_{nm}}{\sum \varphi_{nm}} \tag{6.9}$$

表6−11列（1）~列（2）的回归结果显示，在没有加入控制变量的情况下，企业与自身已出口产品的关联度每增加1个单位，企业新增出口额下降

337.50 个百分点，与自身出口市场的邻近度每增加 1 个单位，企业新增出口额下降 64.34 个百分点，这意味着企业在扩展出口范围的过程中，新增出口关系与企业自身已出口产品的关联和企业自身已出口市场的邻近表现为替代效应。列（3）中将新增出口与企业自身已出口产品的关联、新增出口与企业自身已出口市场的邻近一起同新增出口额进行回归，发现二者回归系数仍然在 1% 的水平下显著为负。列（4）中将企业与自身的产品关联和市场邻近、企业与当地其他企业的产品关联和市场邻近一起同新增出口额进行回归，发现企业与自身的产品关联和市场邻近在 1% 的水平下显著为负，而企业与当地其他企业的产品关联和市场邻近在 1% 的水平下显著为正。列（5）中分别加入企业特征、是否为城市比较优势产品等控制变量，在其他条件不变的情况下，新增出口与企业自身出口产品关联和出口市场邻近的回归系数均在 1% 的水平下显著为负。此结果意味着，在企业扩展出口范围的过程中，企业与自身出口产品关联和市场邻近表现为替代效应。可能的原因在于，在一定成本约束下，出口范围过大反而会抑制了企业的生产率（钱学锋和余弋，2014），企业为了提高出口产品的国际竞争力，会将资源配置在核心产品和核心市场上（彭国华和夏帆，2013），而且本书的产品和市场划分较细，使得关联产品和邻近市场之间存在较强的替代性。

表 6-11 "以己为鉴"还是"以邻为鉴"

解释变量	（1）	（2）	（3）	（4）	（5）
relatedness[s]	−3.3750*** (0.4782)		−2.8253*** (0.4399)	−3.0037*** (0.4615)	−2.6519*** (0.4421)
relatedness				0.9906*** (0.0630)	0.2990*** (0.0590)
proximity[s]		−0.6434*** (0.0287)	−0.5155*** (0.0241)	−0.5097*** (0.0237)	−0.4730*** (0.0226)
proximity				0.0782*** (0.0073)	0.0578*** (0.0070)
tfp					0.1174*** (0.0315)
age					−0.1368*** (0.0129)
size					0.0587*** (0.0099)

续表

解释变量	(1)	(2)	(3)	(4)	(5)
fie					0.0840 ***
					(0.0175)
kl					0.0489 ***
					(0.0066)
HHI					0.8851 **
					(0.4176)
process					0.4062 ***
					(0.0450)
mixed					−0.1402 ***
					(0.0204)
gdp					0.0101 ***
					(0.0017)
dist					0.0294 ***
					(0.0023)
RCA[1]					0.7991 ***
					(0.0145)
年份效应	Yes	Yes	Yes	Yes	Yes
城市效应	Yes	Yes	Yes	Yes	Yes
行业效应	Yes	Yes	Yes	Yes	Yes
样本数	1433502	1433502	1433502	1433502	1433502
R^2	0.0730	0.0726	0.0746	0.0762	0.1018

注：s 上角标代表企业与自身的产品关联和市场邻近。

第五节　影响渠道检验

一、中介效应模型构建与变量测度

前文估计表明，产品关联和市场邻近能够共同促进企业扩展边际的表现，因此需要构建中介效应模型来检验传导机制。根据理论分析，笔者选取要素禀赋、规模经济和技术外溢作为中介变量，利用 Baron 和 Kenny（1986）提出的"三步法"对传导渠道进行检验：①检验自变量（relatedness，proximity）对因变量（lnext）的影响；②检验自变量对中介变量（factor，input，spillover）的影响；③检验自变量和中介变量对因变量的共同影响。如果三个步骤影响系数均显著，则可以确定中介效应成立。笔者令 M 为中介变量（包括 factor，input，spillover），设立中介效应模型如下[1]：

$$\text{lnext}_{\text{finlt}} = \alpha + \beta_1 \text{relatedness}_{\text{filt}} + \gamma D + \text{year} + \text{city} + \varepsilon_{\text{finlt}} \tag{6.10}$$

$$\ln M_{\text{finlt}} = \alpha + \rho_1 \text{relatedness}_{\text{filt}} + \gamma D + \text{year} + \text{city} + \varepsilon_{\text{finlt}} \tag{6.11}$$

$$\text{lnext}_{\text{finlt}} = \alpha + \vartheta_1 \text{relatedness}_{\text{filt}} + \vartheta_2 M_{\text{fnlt}} + \gamma D + \text{year} + \text{city} + \varepsilon_{\text{finlt}} \tag{6.12}$$

$$\text{lnext}_{\text{finlt}} = \alpha + \beta_2 \text{proximity}_{\text{fnlt}} + \gamma D + \text{year} + \text{city} + \varepsilon_{\text{finlt}} \tag{6.13}$$

$$\ln M_{\text{finlt}} = \alpha + \rho_2 \text{proximity}_{\text{filt}} + \gamma D + \text{year} + \text{city} + \varepsilon_{\text{finlt}} \tag{6.14}$$

$$\text{lnext}_{\text{finlt}} = \alpha + \vartheta_3 \text{proximity}_{\text{filt}} + \vartheta_4 M_{\text{fnlt}} + \gamma D + \text{year} + \text{city} + \varepsilon_{\text{finlt}} \tag{6.15}$$

第一，本节借鉴 Drucker 和 Feser（2007）的指标，采用专业化劳动力的可得性来反映要素禀赋，即如果处于同一城市的厂商能够便捷地从当地劳动力"蓄水池"中获得所需的劳动力，则表明该城市有相应的要素禀赋优势。l 城市 r 行业的要素禀赋等于 l 城市 r 行业企业的年平均就业人数之和[2]：

$$\text{factor}_{\text{lr}} = \sum \text{labor}_{\text{city}=1, \text{ industry}=r} \tag{6.16}$$

第二，本节借鉴韩峰和柯善咨（2012）的方法，采用中间投入的规模来反映规模经济，工业行业的中间业投入规模越大，该行业越具有规模优势。令 E_{lr} 为 l 城市 r 行业中间投入规模，q_{lrs} 为 l 城市 r 行业对 s 行业的完全消耗系数，其中 $q = (1-A)^{-1}$，A 为 42 个行业的消耗系数矩阵，1 行业为农林牧渔业，2~21 行业为工业行业，22~42 行业为服务行业。本节依据投入产出表的行业分类标准对中国工业企业数据库中的行业进行合并处理，数据来自 2002 年和 2007 年的《中国地区投入产出表》，由于目前只有 2002 年和 2007 年的各省份投入产出数据，我们将 2001 年、2002 年和 2003 年的样本根据省份和行业与 2002 年的中间投入规模相匹配，2005 年和 2006 年样本与 2007 年的中间投入规模相匹配，影响渠道检验样本区间为 2001~2003 年和 2005~2006 年，l 城市 r 行业中间投入规模为：

---

① 由于检验影响渠道中介变量为行业层面变量，为避免共线性问题，回归过程未放入行业虚拟变量。

② 企业年平均就业人数来自中国工业企业数据库。

$$\text{input}_{lr} = \sum_{s=1}^{n=42} E_{lr} q_{lrs} \tag{6.17}$$

第三，本节借鉴韩峰和柯善咨（2012）的思路，区域技术外溢一般来源于厂商间的"示范—模仿"机制、厂商间的科研合作、厂商技术劳动力之间的正式或非正式接触。本节构建的企业受当地其他企业的技术外溢等于，t 年 l 城市科学研发支出与 l 城市 i 产品 n 市场出口占 l 城市总出口的比重的乘积，与 t 年 f 企业研发支出与 f 企业 i 产品 n 市场出口占 f 企业总出口的比重的乘积，再除以该城市的城区面积，城市研发支出和城区面积的数据来自《中国城市统计年鉴》，企业研发数据来自中国工业企业数据库，由于 2003 年和 2004 年企业研发投入数据缺失，影响渠道检验的样本区间为 2001～2002 年和 2005～2006 年，计算式为：

$$\text{spillover}_{finlt} = \left[\text{research}_{lt} \frac{\text{exp}_{inlt}}{\sum_{i,n} \text{exp}_{lt}} \right] \left[\text{research}_{flt} \frac{\text{exp}_{finlt}}{\sum_{i,n} \text{exp}_{flt}} \right] \frac{1}{\text{area}_l} \tag{6.18}$$

二、中介效应检验

表 6-12 列示了总体效应的估计结果，与本章基本回归的结果一致，在控制其他变量的条件下，产品关联和市场邻近都能对企业的扩展边际产生促进作用。表 6-13 列示了产品关联的影响渠道检验结果，列（1）～列（3）显示产品关联对要素禀赋、规模经济和技术外溢的影响系数都在 1% 的水平下显著为正，这意味着产品关联对要素禀赋、规模经济和技术外溢具有正向促进作用。列（4）～列（6）为第三步的回归结果，产品关联的影响系数分别由总体效应检验的 0.3064、0.2499 和 0.2541 下降至 0.2434、0.2006 和 0.1395，这意味着要素禀赋、规模经济和技术外溢是产品关联影响企业出口扩展边际可能的中介变量。表 6-14 报告了市场邻近的影响渠道检验结果，列（1）和列（2）表明市场邻近对要素禀赋和规模经济的影响系数显著为正，列（4）和列（5）显示市场邻近的影响系数由总体效应检验的 0.0589 和 0.0642 下降至 0.0578 和 0.0632，这说明要素禀赋和规模经济是市场邻近影响企业出口扩展边际可能的中介变量，但中介效应较弱。列（3）表明市场邻近对技术外溢的影响虽然为正，但并不显著，这意味着不存在中介效应。可能的解释是，一方面，中介变量的规模经济更多地反

映了生产过程国内中间投入的可得性，较少体现企业出口过程中非国内中间投入的可得性；另一方面，中介变量技术溢出主要测度的是显性技术的溢出，但较难反映企业间出口信息、经验等隐性技术的溢出，因而市场邻近通过技术外溢的中介效应并不显著。

表6-12 总体效应的检验

解释变量	(1)	(2)	(3)	(4)	(5)	(6)
	lnext	lnext	lnext	lnext	lnext	lnext
relatedness	0.3064*** (0.0593)		0.2499*** (0.0603)		0.2541*** (0.0644)	
proximity		0.0589*** (0.0080)		0.0642*** (0.0088)		0.0626*** (0.0095)
控制变量	Yes	Yes	Yes	Yes	Yes	Yes
年份效应	Yes	Yes	Yes	Yes	Yes	Yes
城市效应	Yes	Yes	Yes	Yes	Yes	Yes
样本数	1268001	1268001	1127072	1127072	947952	947952
R^2	0.0708	0.0708	0.0662	0.0663	0.0643	0.0643

注：列（1）～列（2）是对2001～2006年的总体样本的回归，列（3）～列（4）未包括2004年的样本，列（5）～列（6）未包括2003年和2004年的样本，导致样本有所减少。

表6-13 产品关联的影响渠道检验

解释变量	(1)	(2)	(3)	(4)	(5)	(6)
	lnfactor	lninput	lnspillover	lnext	lnext	lnext
relatedness	0.9852*** (0.0688)	0.9730*** (0.0561)	0.2419*** (0.0389)	0.2434*** (0.0588)	0.2006*** (0.0598)	0.1395** (0.0632)
factor				0.0640*** (0.0062)		
input					0.0508*** (0.0062)	

续表

解释变量	(1)	(2)	(3)	(4)	(5)	(6)
	lnfactor	lninput	lnspillover	lnext	lnext	lnext
spillover						0.4738*** (0.0074)
控制变量	Yes	Yes	Yes	Yes	Yes	Yes
年份效应	Yes	Yes	Yes	Yes	Yes	Yes
城市效应	Yes	Yes	Yes	Yes	Yes	Yes
样本数	1268001	1127072	947952	1268001	1127072	947952
R^2	0.3158	0.3455	0.0846	0.0722	0.0670	0.1072

表6-14 市场邻近的影响渠道检验

解释变量	(1)	(2)	(3)	(4)	(5)	(6)
	lnfactor	lninput	lnspillover	lnext	lnext	lnext
proximity	0.0176** (0.0083)	0.0204** (0.0085)	0.0045 (0.0041)	0.0578*** (0.0079)	0.0632*** (0.0088)	0.0604*** (0.0093)
factor				0.0650*** (0.0062)		
input					0.0492*** (0.0062)	
spillover						0.4731*** (0.0074)
控制变量	Yes	Yes	Yes	Yes	Yes	Yes
年份效应	Yes	Yes	Yes	Yes	Yes	Yes
城市效应	Yes	Yes	Yes	Yes	Yes	Yes
样本数	1268001	1127072	947952	1268001	1127072	947952
R^2	0.3130	0.3425	0.0842	0.0723	0.0670	0.1071

本章小结

2016 年，中国货物贸易出口 13.84 万亿元，同比下降 2%，仍面临次贷危机后国际市场持续低迷的挑战。拓展出口范围长期以来被认为是外部需求冲击或产出波动的应对之策，一些学者通过较为规范的研究验证了包括拓展出口产品和市场范围以抵御国际市场风险的有效性。中国"十三五"规划纲要也强调，"优化对外贸易布局，推动出口市场多元化，提高新兴市场比重"。因此，在全球经济复苏疲软的不利条件下，如何拓展出口产品和市场的范围，发挥扩展边际在"稳出口"中的作用，就成为当前外贸优化升级亟待解决的问题。

本章结合企业异质性理论和新经济地理理论，基于 2000~2006 年中国工业企业数据库、中国海关进出口数据库、CEPII-BACI 数据测算了中国企业新增出口与当地企业的产品关联和市场邻近，实证检验了产品关联、市场邻近对企业出口扩展边际表现的影响。研究发现：一是中国企业的"其他低技术产品""纺织服装和鞋类产品"的新增出口关系数目较多，但就新增出口的总金额和平均金额而言，"电力设备"都明显高于其他类别的产品，低技术密集度产品的出口扩张仅能带来有限的收益；东部地区新增出口关系的产品关联度均值、市场邻近度均值、新增出口金额均值都相对较高，而中西部地区普遍偏低。二是基本回归表明，新增出口与所在城市其他企业出口产品的关联和出口市场的邻近对企业出口扩展边际具有促进作用，这一结论在克服或考虑了可能出现的极端值、距离因素、样本自我选择偏差等方面的影响后仍然成立。三是分样本回归发现，产品关联对"旧企业—旧市场—新产品"和"旧企业—旧产品—旧市场"的影响显著为正，对其他类型出口扩展边际的影响并不显著，市场邻近对"新市场"类型新增出口有更大影响；将各类产品按技术从高到低排列，产品关联的影响系数大致呈倒"U"形分布。市场邻近对初级产品的促进作用最大，对高技术产品的影响系数并不显著；一般贸易产品关联的影响系数不显著，市场邻近对其影响系数大于对加工贸易的；相较于中部、西部地区的企业，东部地区的企业产品关联和市场邻近的影响系数较大。四是进一步研究发现，企业与自身出口产品关联和市场邻近对出口扩展边际的表现为替代效应，企业在扩展出口范围的过程中主要是"以邻为鉴"，从所在城市出口的相关产品和相近市场中获取经验。五是影响渠道的检验发现，要素禀赋、规模经济和技术外溢是产品关联影响企业出口扩展边际的中介变量；要素禀赋和规模经济是市场邻近影响企业出口扩展边际的中介变量，但技术外溢对市场邻近的中介效应并不显著。

第七章 产品关联、市场邻近与企业出口国内增加值

第一节 引言

随着跨国公司主导的国际分工迅速由"产业内"向"产品内"深化，越来越多的产品，其生产过程的组织和管理被"分割"为不同的"任务和活动"，国际贸易向外包和模块化方向发展，特别是制造业由于便于运输和组装，片段化生产特征更为明显。相伴随的是国际贸易分工网络中的增加值构成，即全球价值链（Global Value Chain，GVC）分析成为国际贸易领域的研究热点。关于企业出口国内增加值率的影响因素，现有文献关注了 FDI（张杰等，2013）、中间品贸易自由化（Kee and Tang，2016）、人民币汇率升值（Kee and Tang，2016）、制造业服务化（许和连等，2017）等方面的作用。不难发现，现有研究主要聚焦于外部因素对企业出口国内增加值的影响，而鲜有文献关注国际分工的内在动因——要素禀赋优势对企业出口国内增加值的影响。

从古典贸易理论的比较优势差异、新贸易理论的规模经济差异，到新新贸易理论的生产率差异，虽然对国际分工内在动因的认识有所不同，但共同之处在于均认为一个国家（地区）参与国际分工的内在动因在于其某方面的成本或技术优势，而成本和技术优势依赖于当地的要素禀赋结构（黎峰，2016）。当地要素

禀赋优势是企业区位选择的重要考量，无论是内资企业还是外资企业，都倾向于投资具有与其生产相匹配的要素结构的地区，从当地"知识池"中获取与其生产相匹配的知识和技术，并依靠成本优势在国际分工中获得更多的利得。如果把目光投向企业出口国内增加值，一些很重要的问题自然就产生了：企业出口结构与当地要素禀赋的匹配程度是否会影响企业的出口国内增加值？是否"因地制宜"的企业具有更高的出口国内增加值？如果是，潜在的影响机制又是什么？

产品空间理论指出，如果众多国家都同时出口产品 A 和产品 B，产品 A 和产品 B 的生产可能需要相似的机构、基础设施、资源、技术等要素，则产品 A 和产品 B 具有生产能力上的关联（Hidalgo et al.，2007）。那么，可以推论企业与当地其他企业出口产品的关联性越强，则企业与当地的要素结构越匹配，越好地嵌入了当地生产网络（Poncet and De Waldemar，2013）。一方面，企业与当地其他企业出口产品的关联性越强，越容易吸收当地的知识外溢，从而促进企业创新；另一方面，信息搜寻成本在国际贸易成本中占据很大比例，而企业通过对某一市场出口所获得的需求信息和积累的相关产品出口经验可以复制应用到其他与之存在一定地理或文化相似性的市场（陈勇兵等，2015），企业出口市场与当地其他企业出口市场越邻近，企业的贸易成本越低。但值得注意的是，相比一般贸易，加工贸易的本地关联性较弱、根植性较浅，大多仅是利用当地廉价的劳动力组装和出口（陈耀和冯超，2008），而且对当地知识外溢吸收较差，加工贸易企业与当地出口的相似可能增加企业成本，可能导致其出口国内增加值的下降。那么，企业出口产品关联和市场邻近会促进出口国内增加值的提升吗？其对一般贸易和加工贸易的影响是否存在差异？回答上述问题对中国企业出口贸易的转型升级具有重要意义。

鉴于此，本章基于 BACI 数据库、中国工业企业数据库和海关数据库，测算了企业与当地其他企业出口的产品关联和市场邻近，并计算了企业出口的国内增加值率，实证分析了产品关联和市场邻近对企业出口国内增加值率的影响，围绕企业贸易类型、技术水平、所在地区等异质性检验了产品关联和市场邻近对企业出口国内增加值率影响的差异，并利用中介效应模型检验了可能存在的传导渠道。

第二节　理论框架和研究方法

一、理论框架

古典贸易理论、新贸易理论和新新贸易理论都认为国家（企业）应依托某方面的成本优势参与国际分工。从宏观层面来看，国内价值链匹配度是各地区承担的分工角色与其要素禀赋匹配程度的度量，能否做到"因地制宜"，尽可能地把价值链各环节布局到要素禀赋结构相适应的地区，决定了国内价值链匹配度的高低（陈耀和冯超，2008）。从微观层面来看，企业与当地出口产品关联和市场邻近越强，表明企业承担的分工角色与当地要素匹配程度越高，企业出口的国内增加值可能越高。然而，目前中国大部分企业仍处于国际分工的低端环节，主要从事加工和组装进口中间产品，加工贸易的"飞地效应"使出口企业的本地关联失效。为了清晰起见，我们借鉴 Kee 和 Tang（2016）、许和连等（2017）的方法，从理论上推导企业出口国内增加值的表达式为：

$$\mathrm{DVAR}_{ft} = 1 - \alpha_m \frac{c_{ft}}{p_{ft}} \frac{1}{1 + \left(\dfrac{p_t^I}{p_t^D}\right)^{\sigma-1}} \tag{7.1}$$

其中，f 表示企业，t 表示年份，α_m 表示中间投入的产出弹性，c_{ft} 表示最终品的边际生产成本，最终品价格以 p_{ft} 表示，进口中间品平均价格以 p_t^I 表示，国内中间品价格以 p_t^D 表示，进口和国内中间品的替代弹性以 σ 表示，且 $\sigma>1$。上式分别对 c_{ft} 和 p_t^I/p_t^D 求一阶偏导可得：

$$\frac{\partial \mathrm{DVAR}_{ft}}{\partial c_{ft}} = -\frac{\alpha_m}{p_{ft}} \frac{1}{1 + (p_t^I/p_t^D)^{\sigma-1}} < 0 \tag{7.2}$$

$$\frac{\partial \mathrm{DVAR}_{ft}}{\partial (p_t^I/p_t^D)} = (\sigma-1)\alpha_m \frac{c_{ft}}{p_{ft}} \frac{(p_t^I/p_t^D)^{\sigma-2}}{[1 + (p_t^I/p_t^D)^{\sigma-1}]^2} > 0 \tag{7.3}$$

从式 7.2 和式 7.3 不难发现，企业出口增加值随边际成本（c_{ft}）的增加而下降，随进口和国内中间品相对价格的增加而上升。考虑到企业技术创新能够降低国内中间品价格，从而使 p_t^I/p_t^D 上升。因此，进口和国内中间品的相对价格可以间接用技术创新来表示。综上可知，企业成本的下降和技术创新都能促进企业出口国内增加值的提升。鉴于此，本章分别从成本效应和技术创新两个方面分析产品关联和市场邻近影响企业出口国内增加值的渠道。

（一）成本效应

一方面，新古典贸易理论认为，一个国家（地区）应生产和出口密集使用其丰富要素的产品，也就是基于要素禀赋进行生产和出口（Whittlesey，1934）。根据新古典贸易理论的分析思路，一个国家（地区）如果在生产某种产品上具有比较优势，在生产密集使用相同或相似要素的产品上也应具有比较优势。企业与当地出口产品关联越强，市场越邻近，其产品的要素密集度与当地的要素禀赋就越相似（Poncet and De Waldemar，2013；陈勇兵等，2015），企业越容易从当地的要素"蓄水池"中得到符合需求的要素，以节约要素匹配的成本，从而提升企业的国内增加值。另一方面，根据范围经济的概念，一个企业同时生产两种相关产品要比两个企业分别生产两种产品成本更低（Panzar and Willig，1979）。企业与所在城市（区域）其他企业出口产品关联度越高、出口市场越邻近，相互之间越容易形成补充，可以重新组合成更多的新产品种类，从而降低生产和交易成本，提升企业出口 DVAR。另外，企业将原来"内置化"的生产或销售环节转移给所在城市上下游效率更高的相关企业，自身专注于主营业务，有助于优化企业资源配置，降低生产制造成本（Isard，1956；刘斌和王乃嘉，2016）。企业与所在城市（区域）其他企业出口产品关联度越高、出口市场越邻近，企业间越容易形成专业分工的产业链，企业能够通过规模经济提升出口 DVAR。但值得注意的是，出口产品和市场的过度集中可能导致要素和产品市场的过度竞争。例如，大量劳动密集型企业的集聚可能推动工资成本的增加，大量同质产品出口到海外市场可能抬高运输和包装成本，因此产品关联和市场邻近也可能提高企业生产成本（叶宁华等，2014）。

（二）技术创新效应

产品空间理论认为，技术的进步升级存在路径依赖，即凭借相关联产业的支撑"跃升"到产品空间中相邻近的节点产品（Ftidalgo et al.，2007）。作为技术升级的微观载体，企业在技术创新过程中也遵循一定的路径，不仅以自身掌握技术和知识储备为基础，邻近企业的经验和技术外溢也是创新的重要土壤，能够补充企业经验和技术的不足（Autant-Bernard，2001）。企业与周边企业产品的关联性越强，越容易从当地的知识池获取知识技术，也就越容易激发企业创新的活力，促进企业出口国内增加值率的提高。此外，技术创新不仅包括生产工艺的创新，产品营销模式创新、外观设计创新等也同样重要，例如，不同国家风俗文化、宗教信仰、官方语言、法律法规标准的差异往往要求企业对产品的外观设计、销售模式做出改变和创新，以更好地适应当地需求。企业与所在城市（区域）其他企业出口市场越邻近，越容易获取出口目的地市场的经验支持，也越容易将对某一市场出口所获得的相关产品需求信息和积累的相关产品出口经验复制应用到其他与之存在一定地理或文化相似的市场（陈勇兵等，2015），使出口企业在"本地化"创新过程中尽可能少走弯路，从而提升企业的出口国内增加值率。

二、核心指标测度

（一）产品关联（relatedness$_{ft}$）

出口产品 i 与所在城市 l 出口产品的关联等于，t 年 i 出口产品与 t-1 年所在城市 l 出口的具有比较优势的产品关联之和，与 i 产品与 t-1 年产品空间中所有产品的关联之和的比值，企业 f 出口产品关联等于 t 年 f 企业出口的所有产品的关联之和，具体计算公式参见第三章第三节。

（二）市场邻近（proximity$_{ft}$）

笔者借鉴 Chaney（2014）的做法，将出口目的国 n 与 m 的邻近程度定义为 n 国与 m 国地理距离加 1 的倒数①，出口市场 n 与所在城市 l 出口市场的邻近等于，t 年 n 出口市场与 t-1 年所在城市 l 出口的具有比较优势的市场邻近度之和，与 n 市场与 t-1 年所有市场的邻近度之和的比值，企业 f 出口市场邻近等于 t 年 f 企业出口的所有市场的邻近度之和，具体计算公式参见第三章第三节。

---

① 为避免出口到相同市场时分母为 0 的情况，笔者将市场邻近定义为地理距离加 1 的倒数。

（三）企业出口 DVAR

本章笔者采用 Upward 等（2013）的方法，区分一般、加工和混合三种贸易类型，基于中国工业企业数据库和海关数据库测算企业出口国内增加值率。

根据 Upward 等（2013）的思路，假设企业进口均用于中间投入，则企业微观层面垂直专业化可以表示为：

$$VS_{ft} = imp_{ft}^{p} + \frac{imp_{it}^{o}}{Y_{ft} - exp_{ft}^{p}} exp_{ft}^{o} \qquad (7.4)$$

其中，f 表示企业，t 表示年份，o 表示一般贸易，p 表示加工贸易，imp 和 exp 分别表示企业进出口额，Y 表示企业产出总值。

企业出口国内增加值可表示为：

$$DVA_{it} = exp_{ft} - VS_{ft} \qquad (7.5)$$

企业出口国内增加值率为：

$$DVAR_{it} = \frac{DVA_{it}}{exp_{it}} = 1 - \frac{VS_{it}}{exp_{it}} \qquad (7.6)$$

综上，一般贸易、加工贸易和混合贸易企业出口增加值率可以表示为：

$$DVAR_{ft} = \begin{cases} 1 - \dfrac{VS_{ft}^{o}}{exp_{ft}^{o}} = 1 - \dfrac{imp_{ft}^{o}}{Y_{ft}^{o}}, & shipment = O \\[3mm] 1 - \dfrac{VS_{ft}^{p}}{exp_{ft}^{p}} = 1 - \dfrac{imp_{ft}^{p}}{Y_{ft}^{p}}, & shipment = P \\[3mm] w_{o}\left(1 - \dfrac{imp_{ft}^{o}}{Y_{ft}^{o}}\right) + w_{p}\left(1 - \dfrac{imp_{ft}^{p}}{Y_{ft}^{p}}\right), & shipment = M \end{cases} \qquad (7.7)$$

其中，f 表示企业，t 表示年份，O 表示一般贸易，P 表示加工贸易，M 表示混合贸易，w_{o} 表示混合贸易中一般贸易的比重，w_{p} 表示混合贸易中加工贸易的比重。在计算企业出口 DVAR 的过程中，需要注意以下问题：

第一，不同贸易类型企业的中间品进口。对中国加工贸易企业而言，其进口的是完全用于生产出口产品的中间投入（Upward et al.，2013），因此加工贸易企业的进口额（imp_{it}^{p}）等于中间品的进口额。对一般贸易企业而言，需要先将其进口产品分类为消费品、资本品和中间品，具体分类方法为：首先，将中国海关数据库中的 HS-6 分位产品代码与广义经济分类（Broad Economic Categories，

BEC）进行匹配；其次，对进口产品进行分类；最后，将一般贸易企业中间品进口额表示为 $\text{imp}_{it}^{o}\big|_{BEC}$。

第二，贸易代理商的处理。由于中国企业在 2004 年之前仍不能完全自由进口，需要通过有贸易经营权的中间代理商间接进口，如果不考虑贸易中间代理商带来的间接进口，则可能低估企业的中间品进口。为此，笔者借鉴 Ahn 等（2010）的做法，将中国海关数据库中企业名称带有"贸易""外经""科贸""经贸""进出口"等字段的企业定义为中间贸易代理商。计算 HS-6 分位编码各行业中通过中间贸易代理商进口占进口总额的比重 m_{jt}，再通过 $\text{imp}_{ft}^{adj} = \sum_{j} \text{imp}_{fjt}/(1 - m_{jt})$ 计算调整后的进口额。在考虑贸易代理商的情况下，一般贸易和加工贸易企业的中间品进口额可分别表示为 $\text{imp}_{ft}^{adj\_o}\big|_{BEC}$ 和 $\text{imp}_{it}^{adj\_p}$。

第三，国内原材料中的国外投入部分。事实上，企业使用的国内中间投入品也包含国外投入部分。Koopman 等（2012）的研究表明，中国企业使用的国内中间投入品包含国外投入的比重在 5%~10%。笔者假定国内中间投入品包含国外投入的比重为 5%，企业使用的国内中间投入品包含国外投入部分可表示为：$\text{imp}_{ft}^{F} = 0.05 \times (M^{T} - \text{imp}_{ft}^{adj})$，$M^{T}$ 表示企业的中间品投入。由于中国工业企业数据库中缺失 2008~2010 年的中间投入数据，而本章的实证样本区间为 2001~2010 年，因此，笔者在基本估计中未考虑国内原材料中的国外投入部分，但在稳健性检验中，笔者测算了假定国内中间投入品中包含 5% 的国外投入的情况下的企业出口 DVAR。

在考虑上述因素后，企业出口国内增加值率可进一步表示为：

$$\text{DVAR}_{it} = \begin{cases} 1 - \dfrac{\text{imp}_{it}^{adj\_o}\big|_{BEC} + \text{imp}_{it}^{F}}{Y_{it}^{o}}, & \text{shipment} = O \\[3mm] 1 - \dfrac{\text{imp}_{it}^{adj\_p} + \text{imp}_{it}^{F}}{Y_{it}^{p}}, & \text{shipment} = P \\[3mm] w_{o}\left(1 - \dfrac{\text{imp}_{it}^{adj\_o}\big|_{BEC} + \text{imp}_{it}^{F}}{Y_{it}^{o}}\right) + w_{p}\left(1 - \dfrac{\text{imp}_{it}^{adj\_p} + \text{imp}_{it}^{F}}{Y_{it}^{p}}\right), & \text{shipment} = M \end{cases} \qquad (7.8)$$

三、计量模型与数据处理

（一）计量模型设定

本章要讨论的核心问题是企业出口与当地产品关联和市场邻近对其出口国内增加值率的影响。笔者结合理论机制内容，将基本计量模型设定为：

$$DVAR_{ft}=\alpha+\beta_1 relatedness_{ft}+\beta_2 proximity_{ft}+\gamma D+year+city+indus+\varepsilon_{ft} \tag{7.9}$$

其中，f 表示企业，t 表示年份，$DVAR_{ft}$ 表示企业出口国内增加值率，$relatedness_{ft}$ 表示企业出口产品关联，$proximity_{ft}$ 表示企业出口市场邻近，D 为控制变量集，year 为年份虚拟变量，city 为城市虚拟变量，indus 为行业虚拟变量，ε_{ft} 为随机扰动项。企业层面作为聚类处理（Cluster）。

其中，控制变量包括：①企业存续年限（lnage）。以当年年份与企业成立年份的差值的对数衡量企业存续年份。②企业规模（size）。采用年平均就业人数的对数来衡量企业规模。③全要素生产率（tfp）。目前，学术界一般采用半参数估计值法（Olley-Pakes，简称 OP 方法）或非参数估计法（Levinsohn-Petrin，简称 LP 方法）来测度企业全要素生产率，因为这两种方法能够对生产函数估计过程中产生的同时性偏差和选择性偏差进行修正。然而，中国工业企业数据库中并未提供 2008~2010 年的中间投入和 2009~2010 年的工业增加值的数据。考虑这一原因，本章借鉴 Head 和 Ries（2003）的方法近似估计企业全要素生产率，公式为 tfp=ln（y/l）-s×ln（k/l），其中，y 代表工业生产总值，k 代表总固定资产，l 代表企业从业人数，s 代表资本的贡献度，并假设 s 为 1/3（Hall and Jones，1999）。④资本劳动比（lnkl）。本章以固定资产总额与企业就业人数的比值作为资本劳动比，取自然对数。⑤是否为外资企业哑变量（fie）。当在企业注册资本中，外资所占比重较大时，fie 取 1，否则取 0。⑥贸易类型哑变量（shipment）。将出口企业分为一般（general）、加工（process）和混合（mix）三种贸易类型。

（二）数据处理

本章的数据来源主要是 2000~2010 年中国工业企业数据库、2000~2010 年中国海关进出口数据库和 CEPII-BACI 数据库。中国工业企业数据库提供了企业层面的生产数据，由于该数据库包含了一些信息错误的企业，本章参照 Brandt 等（2012）、Feenstra 等（2014）的做法删除了流动资产高于总资产、固定资产高于总资产、企业编码缺失、企业成立年份错误的观测样本。中国海关进出口数据库提供了企业层面的交易数据，包括计算企业出口国内增加值所需要的企业、产品等方面的信息。CEPII-BACI 数据库提供了国家双边层面 HS-6 分位的交易数据，用于计算产品之间的关联以构建产品空间。为了得到具有经济学意义的企业变量值，笔者在数据处理过程中对指标变量进行了价格指数平减。考虑到各地区物价波动的差异，参考蒋灵多和陈勇兵（2015）的做法，采用各省份工业品出厂价格指数对工业增加值进行价格平减，采用各省份的固定资产投资价格指数对资本进行价格平减，采用原材料价格指数对中间投入品进行价格平减，由此得到以 2000 年为基期的实际值。

此外，中国海关进出口数据库的产品分类是基于 HS-8 分位编码形成的，CEPII-BACI 数据库的产品分类是基于 HS-6 分位编码形成的，为了计算出口产品关联，本章将两套数据库统一加总成 HS-6 分位编码。

第三节　实证分析与稳健性检验

一、特征事实

如图 7-1 所示，从整体样本来看，产品关联与企业出口国内增加值率呈负向关系，市场邻近与企业出口国内增加值率呈正向关系。图 7-2、图 7-3 和图 7-4 进一步将样本划分为一般贸易企业、加工贸易企业和混合贸易企业，可以发现，一般贸易企业的产品关联和出口国内增加值率呈正向关系，但对于加工贸易企业和混合贸易企业，产品关联与出口国内增加值率呈负向关系。市场邻近无论是与一般贸易企业、加工贸易企业还是混合贸易企业的出口国内增加值率均呈正向关系。这初步表明，产品关联对不同贸易类型企业出口国内增加值率的影响存在较大差异，市场邻近对企业出口国内增加值率有正向影响，原因可能是加工贸易企业与本国联系较弱，产品关联未能发挥成本效应和技术创新效应，当然，更为精确的关系还有待后文做进一步实证检验。

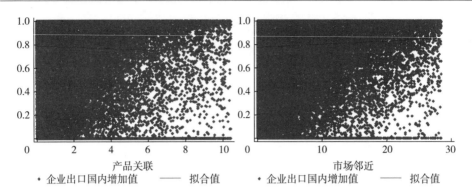

图7-1 产品关联和市场邻近与企业出口国内增加值的关系（总体）

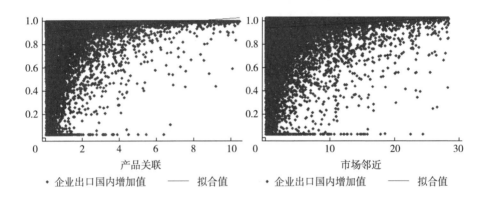

图7-2 产品关联和市场邻近与一般贸易企业出口国内增加值的关系

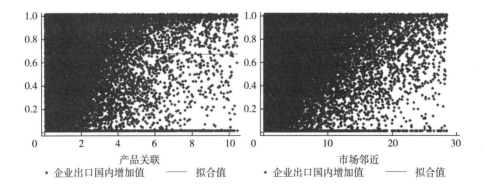

图7-3 产品关联和市场邻近与加工贸易企业出口国内增加值的关系

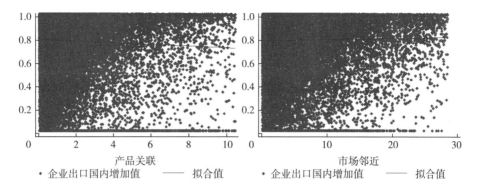

图7-4 产品关联和市场邻近与混合贸易企业出口国内增加值的关系

二、基本估计

表7-1列示了基本回归的结果,各列均控制了年份、城市、行业固定效应。列(1)显示了未加入控制变量的估计结果,表明产品关联每增加1个单位,企业出口国内增加值率下降0.0019个单位,市场邻近每增加1个单位,企业出口国内增加值率增加0.0038个单位。列(2)中加入了一般贸易(general)和加工贸易(process)的哑变量,可以发现,产品关联在1%的显著水平下显著为负,市场邻近在1%的水平下显著为正。列(3)进一步引入全要素生产率、企业存续年限等控制变量,可以发现,虽然影响系数大小略有变化,产品关联和市场邻近仍然在1%的水平下分别显著为负和为正。特征事实表明,对于一般贸易、加工贸易和混合贸易,产品关联对企业出口国内增加值率的影响存在较大差异,列(4)~列(6)中,笔者将样本划分为一般贸易企业、加工贸易企业和混合贸易企业进行估计。可以发现,对于一般贸易企业,产品关联和市场邻近影响系数在1%的水平下显著为正,而对于加工贸易企业和混合贸易企业,产品关联的影响系数在1%的水平下显著为负,市场邻近在1%的水平下显著为正。此实证结果表明产品关联对企业出口国内增加值率的影响取决于企业贸易模式,产品关联对一般贸易企业出口国内增加值率具有促进作用,但对加工贸易企业和混合贸易企业具有抑制作用,市场邻近对各种贸易类型的企业均存在促进作用。考虑到不同贸易类型的企业,产品关联对出口国内增加值率的影响差异很大,因此,本章接下

来的实证将总体样本划分为一般贸易、加工贸易和混合贸易三组进行分析。

控制变量的回归结果基本符合现有关于企业出口国内增加值率检验的结论。全要素生产率（tfp）越高，企业边际生产成本越低，出口国内增加值率越高。企业存续年限（lnage）越长，企业积累的知识和经验越丰富，越容易通过"干中学"提升企业出口国内增加值率。企业规模（size）越大，越容易通过规模经济降低企业生产成本，从而提升企业出口国内增加值率。是否为外资企业哑变量（fie）估计系数为负，表明外资企业更容易掌握从国外获取中间投入品的渠道，降低在生产国的投入份额，因此企业出口国内增加值率较低。资本劳动比（lnkl）影响系数显著为负，资本劳动比较高的企业一般位于全球价值链的低端环节，出口国内增加值率较低（许和连等，2017）。一般贸易（general）哑变量估计系数显著为正，加工贸易（process）哑变量估计系数显著为负，加工贸易依赖于高附加值中间投入品进口，仅对进口中间投入品进行加工组装，"两头在外"的特性使加工贸易企业出口国内增加值率较低。

表 7-1　基本回归

解释变量	（1）总体	（2）总体	（3）总体	（4）一般贸易企业	（5）加工贸易企业	（6）混合贸易企业
relatedness	−0.0019** （0.0009）	−0.0021*** （0.0008）	−0.0027*** （0.0008）	0.0058*** （0.0006）	−0.0051*** （0.0014）	−0.0038*** （0.0012）
proximity	0.0038*** （0.0002）	0.0038*** （0.0002）	0.0022*** （0.0002）	0.0021*** （0.0002）	0.0030*** （0.0004）	0.0017*** （0.0003）
tfp			0.0484*** （0.0014）	0.0094*** （0.0015）	0.0823*** （0.0024）	0.0594*** （0.0024）
lnage			0.0088*** （0.0015）	0.0075*** （0.0014）	0.0028 （0.0028）	0.0219*** （0.0027）
size			0.0125*** （0.0010）	0.0170*** （0.0010）	0.0163*** （0.0019）	0.0048*** （0.0016）
fie			−0.0767*** （0.0025）	−0.0434*** （0.0027）	−0.0931*** （0.0044）	−0.0807*** （0.0038）
lnkl			−0.0091*** （0.0009）	−0.0189*** （0.0009）	−0.0072*** （0.0016）	−0.0075*** （0.0015）

续表

解释变量	(1) 总体	(2) 总体	(3) 总体	(4) 一般贸易企业	(5) 加工贸易企业	(6) 混合贸易企业
general		0.1223*** (0.0021)	0.1118*** (0.0021)			
process		−0.0988*** (0.0026)	−0.1008*** (0.0026)			
年份效应	Yes	Yes	Yes	Yes	Yes	Yes
城市效应	Yes	Yes	Yes	Yes	Yes	Yes
行业效应	Yes	Yes	Yes	Yes	Yes	Yes
样本数	188693	188693	188693	62558	70870	55265
R^2	0.1045	0.1876	0.2221	0.1189	0.1493	0.1360

注："***""**""*"分别表示在1%、5%、10%的水平下显著，括号内为稳健标准误。下表同。

三、稳健性检验

考虑到基本回归结果存在的潜在问题，本节将围绕基本回归中可能出现的指标测度、内生性等方面的影响，对基本回归结果进行稳健性分析。

（一）改变比较优势的衡量方法

为避免不同比较优势的衡量方法对回归结果的影响，表7-2列（1）～列（3）中，以中国作为基准，采用 t 年 l 城市 i 产品出口占其所有产品出口的份额与 t 年中国产品 i 出口占中国总出口的份额的比值来计算 l 城市 i 产品的比较优势 RCA_i^l，以 t 年 l 城市 n 市场出口占其所有市场出口的份额与 t 年中国在 n 市场出口占中国总出口份额的比值计算 l 城市 n 市场的比较优势 $MRCA_n^l$。可以发现，虽然影响系数大小略有改变，但结论与本章的基本估计一致，即一般贸易企业产品关联和市场邻近对企业出口国内增加值率具有显著的促进作用，加工贸易企业和混合贸易企业的产品关联对企业出口国内增加值率具有显著的抑制作用，而市场邻近对企业出口国内增加值率具有促进的作用。

（二）改变企业出口国内增加值率的衡量方法

由于中国工业企业数据库未提供2008～2010年的中间投入数据，在基本回归中未考虑企业中间投入品中间接使用的外国原材料，为了稳健起见，笔者假定中间投入品的间接进口份额为 5%，按照式 7.8 测算企业出口国内增加值率，由于时间区间为 2001~2007 年，样本数量略有减少。可以发现，一般贸易企业的产品关联和市场邻近对企业出口国内增加值率具有显著的促进作用，加工贸易企业和混合贸易企业的产品关联对企业出口国内增加值率具有显著的抑制作用，市场邻近对企业出口国内增加值率的正向影响并不显著，可能的原因是，在较早年份的样本区间，中国加工贸易企业和混合贸易企业多采取"低价竞争，以量取胜"的策略（刘啟仁和黄建忠，2015），未能通过成本、技术创新效应发挥市场邻近对出口国内增加值率的提升作用，但总体来看，本章的基本结论仍是稳健的。

表 7-2　稳健性检验（Ⅰ）

解释变量	比较优势以中国份额测算			考虑中间品间接进口 DVAR		
	（1）一般贸易企业	（2）加工贸易企业	（3）混合贸易企业	（4）一般贸易企业	（5）加工贸易企业	（6）混合贸易企业
relatedness	0.0054 *** (0.0009)	−0.0036 ** (0.0017)	−0.0046 *** (0.0013)	0.0053 *** (0.0007)	−0.0027 *** (0.0012)	−0.0019 * (0.0010)
proximity	0.0022 *** (0.0002)	0.0029 *** (0.0004)	0.0033 *** (0.0003)	0.0017 *** (0.0002)	0.0004 (0.0003)	0.0004 (0.0003)
tfp	0.0095 *** (0.0015)	0.0824 *** (0.0024)	0.0595 *** (0.0024)	0.0132 *** (0.0017)	0.0193 *** (0.0020)	0.0033 (0.0021)
lnage	0.0074 *** (0.0014)	0.0028 (0.0028)	0.0219 *** (0.0027)	0.0075 *** (0.0013)	0.0022 (0.0023)	0.0122 *** (0.0022)
size	0.0171 *** (0.0010)	0.0161 *** (0.0019)	0.0048 *** (0.0016)	0.0072 *** (0.0010)	−0.0021 (0.0023)	−0.0141 *** (0.0016)
fie	−0.0432 *** (0.0027)	−0.0932 *** (0.0044)	−0.0807 *** (0.0038)	−0.0316 *** (0.0027)	−0.0516 *** (0.0035)	−0.0575 *** (0.0031)
lnkl	−0.0190 *** (0.0009)	−0.0070 *** (0.0016)	−0.0073 *** (0.0015)	−0.0161 *** (0.0009)	−0.0096 *** (0.0035)	−0.0058 *** (0.0012)
年份效应	Yes	Yes	Yes	Yes	Yes	Yes
城市效应	Yes	Yes	Yes	Yes	Yes	Yes
行业效应	Yes	Yes	Yes	Yes	Yes	Yes

续表

解释变量	比较优势以中国份额测算			考虑中间品间接进口 DVAR		
	（1） 一般贸易企业	（2） 加工贸易企业	（3） 混合贸易企业	（4） 一般贸易企业	（5） 加工贸易企业	（6） 混合贸易企业
样本数	62558	70870	55265	27595	35358	25534
R^2	0.1184	0.1491	0.1360	0.1565	0.1740	0.1345

（三）考虑距离因素

新经济地理学认为，地理邻近促进了企业之间的技术扩散和知识外溢，企业更倾向于向邻近的企业学习，并且中国幅员辽阔，更不能忽视距离对企业出口产品关联和市场邻近的影响。为此，笔者进一步考虑了距离的影响，将产品关联和市场邻近分别除以企业所在城市建成区面积①，得到考虑距离因素的产品关联和市场邻近，在此基础上对企业出口国内增加值率进行回归，表7-3列（1）~列（3）的结果表明，在考虑距离因素的情况下，一般贸易企业的产品关联和市场邻近对出口国内增加值率具有促进作用，加工贸易企业和混合贸易企业的产品关联对出口国内增加值率具有抑制作用，市场邻近对出口国内增加值率具有促进作用，这表明本章基本回归结果依然稳健。

（四）内生性问题

本章的基本回归过程是采用当期新增出口关系与上一期同一城市企业出口的产品关联和市场邻近作为核心解释变量，在一定程度上可以缓解变量间可能存在的双向因果关系导致的内生性问题，不过为了稳健起见，这里我们采用当期新增出口关系与滞后两期同一城市企业出口产品关联和市场邻近作为工具变量，采用两阶段最小二乘法来处理潜在的内生性问题。表7-3和表7-4分别报告了产品关联和市场邻近2SLS的回归结果，并利用 Kleibergen-Paap rk LM 和 Kleibergen-Paap rk Wald F 统计量检验工具变量的"识别不足"和"弱识别"问题，结果在1%的水平下拒绝"识别不足"和"弱识别"的原假设，这证明了工具变量的选择合理，回归结果表明，产品关联对一般贸易企业出口国内增加值率的影响系数显著为正，对加工贸易企业和混合贸易企业出口国内增加值率的影响系数显著为

---

① 数据来源于相关年份的《中国城市统计年鉴》。

负，市场邻近对三种贸易类型企业的出口国内增加值率影响系数均显著为正，这证明了本章的基本估计结果是稳健可靠的。

表 7-3 稳健性检验 Ⅱ

解释变量	考虑距离因素影响			产品关联 2SLS		
	(1) 一般贸易企业	(2) 加工贸易企业	(3) 混合贸易企业	(4) 一般贸易企业	(5) 加工贸易企业	(6) 混合贸易企业
relatedness	0.3421* (0.2081)	-0.7527*** (0.1427)	-0.2047** (0.0876)	0.0092*** (0.0008)	-0.0039** (0.0016)	-0.0057*** (0.0015)
proximity	0.0204** (0.0080)	0.1275*** (0.0230)	0.0440** (0.0175)			
tfp	0.0087*** (0.0015)	0.0832*** (0.0024)	0.0592*** (0.0024)	0.0087*** (0.0015)	0.0844*** (0.0024)	0.0604*** (0.0024)
lnage	0.0077*** (0.0014)	0.0030 (0.0028)	0.0218*** (0.0027)	0.0076*** (0.0014)	0.0012 (0.0029)	0.0223*** (0.0027)
size	0.0183*** (0.0010)	0.0179*** (0.0019)	0.0045*** (0.0016)	0.0178*** (0.0010)	0.0184*** (0.0019)	0.0057*** (0.0015)
fie	-0.0441*** (0.0021)	-0.0938*** (0.0044)	-0.0809*** (0.0038)	-0.0449*** (0.0027)	-0.0935*** (0.0045)	-0.0783*** (0.0038)
lnkl	-0.0192*** (0.0027)	-0.0070*** (0.0016)	-0.0072*** (0.0015)	-0.0186*** (0.0009)	-0.0072*** (0.0016)	-0.0090*** (0.0015)
年份效应	Yes	Yes	Yes	Yes	Yes	Yes
城市效应	Yes	Yes	Yes	Yes	Yes	Yes
行业效应	Yes	Yes	Yes	Yes	Yes	Yes
样本数	62558	70870	55265	59966	65277	51944
R^2	0.1151	0.1489	0.1358	0.1137	0.1436	0.1313
LM	—	—	—	1612.33***	2121.91***	2149.66***
Wald F	—	—	—	119.84***	3642.24***	1832.39***

表 7-4 市场邻近 2SLS

解释变量	(1) 一般贸易企业	(2) 加工贸易企业	(3) 混合贸易企业
proximity	0.0035*** (0.0003)	0.0038*** (0.0005)	0.0033*** (0.0005)

续表

解释变量	（1） 一般贸易企业	（2） 加工贸易企业	（3） 混合贸易企业
控制变量	Yes	Yes	Yes
Kleibergen-Paap rk LM 统计量	2289.67***	2662.54***	2415.03***
Kleibergen-Paap rk Wald F 统计量	3213.72***	771.74***	485.007***
年份/城市/行业	Yes	Yes	Yes
样本数	52730	61256	46919
R^2	0.1142	0.1367	0.1305

第四节 扩展检验结果与分析

一、异质性检验

为了得到更为细化的结论，本节基于企业所在地区、行业技术水平和全要素生产率对样本进行分组，进而考察产品关联和市场邻近对企业出口国内增加值影响群体的差异性。

（一）区分企业所在地区的回归结果

中国不同区域企业间的关联程度存在较大差异，笔者将总体样本划分为东部地区和中西部地区进行分组检验。表7-5的回归结果表明，东部地区企业的回归系数与总体样本的回归结果基本一致，市场邻近对不同贸易类型企业的出口国内增加值率均有促进作用，产品关联仅对一般贸易企业的出口国内增加值率具有促进作用，对加工贸易企业和混合贸易企业的出口国内增加值率具有抑制作用。对于中西部地区的企业，产品关联对一般贸易企业和混合贸易企业的出口国内增加值率的影响系数均不显著，对加工贸易企业出口国内增加值率的影响系数为负，市场邻近对不同贸易类型企业的出口国内增加值率均有显著促进作用。产品关联对东部和中西部地区企业出口国内增加值率的影响存在差异，可能的原因是，一方面，相比中西部地区，东部地区要素市场发达，企业出口产品关联较高，较容易从当地获得相匹配的劳动力，并且出口产品种类丰富，更容易通过规模经济和范围经济来降低企业成本，进而提升企业出口国内增加值率（白俊红和卞元超，2016）；另一方面，相比中西部地区，东部地区的信息发达、基础设施完善，企业间更加频繁的交流促进了知识溢出，产品关联促进了技术创新，进而提升了企业出口国内增加值率（盛丹，2013）。

表 7-5　区域异质性检验

解释变量	东部地区			中西部地区		
	（1）	（2）	（3）	（4）	（5）	（6）
	一般贸易企业	加工贸易企业	混合贸易企业	一般贸易企业	加工贸易企业	混合贸易企业
relatedness	0.0057***	-0.0051***	-0.0038***	0.0028	-0.0410***	-0.0020
	（0.0006）	（0.0014）	（0.0012）	（0.0028）	（0.0102）	（0.0059）
proximity	0.0022***	0.0031***	0.0004*	0.0021***	0.0052**	0.0009***
	（0.0002）	（0.0004）	（0.0002）	（0.0006）	（0.0021）	（0.0002）
tfp	0.0102***	0.0823***	0.0601***	0.0036	0.0858***	0.0513***
	（0.0016）	（0.0024）	（0.0025）	（0.0042）	（0.0102）	（0.0082）
lnage	0.0084***	0.0030	0.0212***	0.0030	0.0191	0.0271***
	（0.0015）	（0.0029）	（0.0028）	（0.0036）	（0.0119）	（0.0079）
size	0.0164***	0.0141***	0.0023	0.0190***	0.0465***	0.0310***
	（0.0010）	（0.0020）	（0.0017）	（0.0029）	（0.0070）	（0.0048）
fie	-0.0427***	-0.0907***	-0.0808***	-0.0517***	-0.1413***	-0.0541***
	（0.0028）	（0.0045）	（0.0039）	（0.0107）	（0.0296）	（0.0167）
lnkl	-0.0193***	-0.0086***	-0.0073***	-0.0163***	0.0190**	-0.0190***
	（0.0010）	（0.0016）	（0.0015）	（0.0025）	（0.0076）	（0.0059）
年份效应	Yes	Yes	Yes	Yes	Yes	Yes
城市效应	Yes	Yes	Yes	Yes	Yes	Yes
行业效应	Yes	Yes	Yes	Yes	Yes	Yes
样本数	56410	68110	52634	5834	2327	2381
R^2	0.1219	0.1490	0.1347	0.1450	0.2891	0.2625

（二）区分企业所在行业技术水平的回归结果

考虑到行业技术特征的差异性，笔者根据《高技术产业（制造业）分类》

（国家统计局 2013 年发布），将样本按照企业所在行业划分为高技术行业和低技术行业进行检验。表 7-6 列示了分组回归的结果：无论是高技术行业还是低技术行业，产品关联对加工贸易企业出口国内增加值率的影响系数都显著为负，但产品关联对高技术行业一般贸易企业出口国内增加值率的影响并不显著，而对低技术行业一般贸易企业出口国内增加值率具有显著的促进作用。此外，市场邻近对高技术行业、低技术行业三种贸易类型的企业出口国内增加值率都具有显著的促进作用，并对低技术行业企业出口国内增加值率的影响系数更大。上述结果可能的原因是，一方面，高技术行业增加值主要来自研发设计环节，中间投入成本在增加值中所占的比重相对较少，产品关联和市场邻近通过劳动力"蓄水池"、规模经济等减少的企业中间投入成本有限，因而产品关联和市场邻近对企业出口国内增加值率的促进作用不明显或较小；另一方面，高技术行业企业的技术保护更为严密，企业为了获取垄断利润，一般对核心技术采取专利申请、要求技术人员签署保密协议等保护措施，因而企业难以通过出口产品关联和市场邻近获取当地企业的技术溢出，因而产品关联和市场邻近对高技术企业出口国内增加值率的提升作用较小。

表 7-6 行业技术水平的异质性检验

解释变量	高技术行业			低技术行业		
	（1）一般贸易企业	（2）加工贸易企业	（3）混合贸易企业	（4）一般贸易企业	（5）加工贸易企业	（6）混合贸易企业
relatedness	0.0030 （0.0031）	−0.0208*** （0.0055）	−0.0140*** （0.0030）	0.0058*** （0.0006）	−0.0041*** （0.0014）	−0.0020 （0.0013）
proximity	0.0021*** （0.0005）	0.0026** （0.0010）	0.0030*** （0.0008）	0.0021*** （0.0002）	0.0032*** （0.0004）	0.0031*** （0.0003）
tfp	0.0128*** （0.0044）	0.0350*** （0.0058）	0.0257*** （0.0053）	0.0083*** （0.0016）	0.0929*** （0.0025）	0.0700*** （0.0027）
lnage	0.0091** （0.0040）	0.0495*** （0.0079）	0.0588*** （0.0071）	0.0077*** （0.0015）	−0.0048 （0.0030）	0.0145*** （0.0028）
size	0.0219*** （0.0027）	−0.0150*** （0.0046）	−0.0185*** （0.0040）	0.0163*** （0.0010）	0.0247*** （0.0020）	0.0118*** （0.0017）
fie	−0.0682*** （0.0081）	−0.0923*** （0.0107）	−0.0958*** （0.0093）	−0.0404*** （0.0028）	−0.0885*** （0.0047）	−0.0753*** （0.0041）

解释变量	高技术行业			低技术行业		
	（1） 一般贸易企业	（2） 加工贸易企业	（3） 混合贸易企业	（4） 一般贸易企业	（5） 加工贸易企业	（6） 混合贸易企业
lnkl	−0.0164*** （0.0064）	−0.0264*** （0.0037）	−0.0224*** （0.0041）	−0.0191*** （0.0010）	−0.0027 （0.0017）	−0.0045*** （0.0015）
年份效应	Yes	Yes	Yes	Yes	Yes	Yes
城市效应	Yes	Yes	Yes	Yes	Yes	Yes
行业效应	Yes	Yes	Yes	Yes	Yes	Yes
样本数	7646	8428	8329	54616	62034	46697
R^2	0.1305	0.1207	0.1420	0.1204	0.1624	0.1396

（三）区分企业生产率水平的回归结果

相较而言，高生产率企业具有更丰富的知识储备，能够更好地吸收其他企业的外溢技术。考虑到企业生产率水平的差异，笔者将样本根据企业全要素生产率的中位数划分为高生产率企业和低生产率企业两组，表7-7列示了分组回归结果：除混合贸易企业产品关联的影响系数不显著外，高生产率企业的产品关联和市场邻近的影响系数均大于低生产率企业的，且影响系数均显著为正，可能的原因是，高生产率企业具有更丰富的知识储备，更容易从邻近企业获取技术和经验，从而通过产品关联和市场邻近提升企业出口国内增加值率。此外，高生产率企业还具备更先进的管理水平，能够更加有效地组织中间要素的投入，从而实现规模经济和范围经济。因此，产品关联和市场邻近对高生产率企业出口国内增加值率具有更明显的促进作用。

表7-7 生产率的异质性检验

解释变量	高生产率企业			低生产率企业		
	（1） 一般贸易企业	（2） 加工贸易企业	（3） 混合贸易企业	（4） 一般贸易企业	（5） 加工贸易企业	（6） 混合贸易企业
relatedness	0.0057*** （0.0009）	0.0081*** （0.0017）	0.0000 （0.0013）	0.0056*** （0.0008）	−0.0125*** （0.0017）	−0.0058*** （0.0017）
proximity	0.0025*** （0.0003）	0.0035*** （0.0005）	0.0007* （0.0004）	0.0013*** （0.0002）	0.0026*** （0.0005）	−0.0005 （0.0005）

续表

解释变量	高生产率企业			低生产率企业		
	（1） 一般贸易企业	（2） 加工贸易企业	（3） 混合贸易企业	（4） 一般贸易企业	（5） 加工贸易企业	（6） 混合贸易企业
tfp	0.0227 *** （0.0025）	0.0090 ** （0.0045）	0.0061 ** （0.0030）	0.0246 *** （0.0040）	0.1457 *** （0.0041）	0.1559 *** （0.0058）
lnage	0.0057 *** （0.0019）	0.0047 （0.0040）	0.0241 *** （0.0031）	0.0111 *** （0.0018）	0.0034 （0.0035）	0.0173 *** （0.0038）
size	0.0168 *** （0.0012）	0.0124 *** （0.0026）	0.0002 （0.0019）	0.0145 *** （0.0013）	0.0168 *** （0.0024）	0.0091 *** （0.0025）
fie	−0.0542 *** （0.0035）	−0.0813 *** （0.0062）	−0.0621 *** （0.0043）	−0.0265 *** （0.0036）	−0.0923 *** （0.0054）	−0.0910 *** （0.0056）
lnkl	−0.0174 *** （0.0011）	−0.0121 *** （0.0020）	−0.0155 *** （0.0017）	−0.0188 *** （0.0013）	0.0051 ** （0.0021）	0.0086 *** （0.0022）
年份效应	Yes	Yes	Yes	Yes	Yes	Yes
城市效应	Yes	Yes	Yes	Yes	Yes	Yes
行业效应	Yes	Yes	Yes	Yes	Yes	Yes
样本数	36384	25714	27435	25877	44743	27598
R^2	0.1404	0.1894	0.1249	0.1153	0.1595	0.1798

二、影响渠道检验

本章的基本估计结果表明，产品关联对一般贸易企业出口国内增加值率具有促进作用，却抑制了加工贸易企业和混合贸易企业的出口国内增加值率，市场邻近对三种贸易类型企业的出口国内增加值率都具有促进作用。那么，为何产品关联对不同贸易类型企业的出口国内增加值率的影响存在明显差异呢，而市场邻近却不存在差异？其作用机制是什么？根据理论分析，本章选取企业成本（c）和技术创新（innovation）作为中介变量，利用 Baron 和 Kenny（1986）提出的"三步法"对传导渠道进行检验：①检验自变量（relatedness，proximity）对因变量（DVAR）的影响。②检验自变量对中介变量（c 和 innovation）的影响。③检验自变量和中介变量对因变量共同的影响。如果三个步骤的影响系数均显著，则可以确定中介效应成立。令 M 为中介变量（包括 c 和 innovation），本章设立中介效应模型如下：

$$DVAR_{ft} = \alpha + \beta_1 relatedness_{ft} + \gamma D + year + city + indus + \varepsilon_{ft} \tag{7.10}$$

$$lnM_{ft} = \alpha + \rho_1 relatedness_{ft} + \gamma D + year + city + indus + \varepsilon_{ft} \tag{7.11}$$

$$DVAR_{ft} = \alpha + \vartheta_1 relatedness_{ft} + \vartheta_2 M_{ft} + \gamma D + year + city + indus + \varepsilon_{ft} \tag{7.12}$$

$$DVAR_{ft} = \alpha + \beta_2 proximity_{ft} + \gamma D + year + city + indus + \varepsilon_{finlt} \tag{7.13}$$

$$lnM_{ft} = \alpha + \rho_2 proximity_{ft} + \gamma D + year + city + indus + \varepsilon_{ft} \tag{7.14}$$

$$DVAR_{ft} = \alpha + \vartheta_3 proximity_{ft} + \vartheta_4 M_{ft} + \gamma D + year + city + indus + \varepsilon_{ft} \tag{7.15}$$

针对中介变量，一是企业成本（c）。根据刘斌和王乃嘉（2016）的研究，本章采用主营业务成本、主营业务应付工资总额、主营业务应付福利费总额、销售费用、财务费用、管理费用之和的对数作为企业成本。二是技术创新（innovation）。本章采用企业工业总产值中的新产品产值的比重来反映技术创新，由于中国工业企业数据库中缺失 2004 年的企业新产品产值数据，本章对技术创新影响渠道的检验未包括 2004 年的样本。

表 7-8 和表 7-9 分别列示了产品关联和市场邻近的成本影响渠道检验结果，表 7-8 列（1）~列（3）表明产品关联对企业成本都具有正向影响（加工贸易未通过显著性检验）。列（4）~列（6）是企业成本作为中介变量的情况下对式 7.12 的回归结果，可以发现，企业成本的影响系数显著为负，但产品关联仍然对一般贸易企业的出口国内增加值率具有显著的正向影响，对加工贸易企业和混合贸易企业的出口国内增加值率具有显著的负向影响。表 7-9 列（1）~列（3）表明市场邻近对企业成本具有正向影响。列（4）~列（6）为企业成本作为中介变量的情况下对式 7.15 的回归结果，可以发现，企业成本影响系数显著为负，市场邻近影响系数显著为正。这意味着，产品关联和市场邻近的企业成本影响渠道成立，但产品关联和市场邻近通过提升企业成本反而降低了企业出口国内增加值率。可能的原因是，由于实施出口退税、政府补贴等贸易政策，中国大量的企业涌入国际市场，出口产品的相似和市场的邻近造成了产品和要素市场的过度竞争（张杰和郑文平，2015），要素成本、交通成本、融资成本和环境治理成本上涨等不利因素带来的负面影响，超过了规模经济、范围经济和劳动力"蓄水池"效应等有利因素带来的收益（叶宁华等，2014），因而产品关联和市场邻近通过

提升企业成本反而抑制了企业出口国内增加值率。

表7-8 产品关联成本影响渠道的检验

解释变量	(1) 一般贸易企业	(2) 加工贸易企业	(3) 混合贸易企业	(4) 一般贸易企业	(5) 加工贸易企业	(6) 混合贸易企业
	c	c	c	DVAR	DVAR	DVAR
relatedness	0.0079 ***	0.0001	0.0045 ***	0.0087 ***	-0.0978 ***	-0.0032 ***
	(0.0012)	(0.0009)	(0.0008)	(0.0007)	(0.0061)	(0.0011)
c				-0.0814 ***	-0.0035 **	-0.0993 ***
				(0.0051)	(0.0014)	(0.0074)
控制变量	Yes	Yes	Yes	Yes	Yes	Yes
年份效应	Yes	Yes	Yes	Yes	Yes	Yes
城市效应	Yes	Yes	Yes	Yes	Yes	Yes
行业效应	Yes	Yes	Yes	Yes	Yes	Yes
样本数	62289	70484	55056	62289	70484	55056
R^2	0.3652	0.1631	0.3275	0.1334	0.1544	0.1442

注：本表未包括2004年的样本，与表7-10同。

表7-9 市场邻近成本影响渠道的检验

解释变量	(1) 一般贸易企业	(2) 加工贸易企业	(3) 混合贸易企业	(4) 一般贸易企业	(5) 加工贸易企业	(6) 混合贸易企业
	c	c	c	DVAR	DVAR	DVAR
proximity	0.0018 ***	0.0015 ***	0.0018 ***	0.0027 ***	0.0029 ***	0.0013 ***
	(0.0003)	(0.0003)	(0.0003)	(0.0002)	(0.0004)	(0.0003)
c				-0.0814 ***	-0.0987 ***	-0.1000 ***
				(0.0051)	(0.0061)	(0.0074)
控制变量	Yes	Yes	Yes	Yes	Yes	Yes
年份效应	Yes	Yes	Yes	Yes	Yes	Yes
城市效应	Yes	Yes	Yes	Yes	Yes	Yes
行业效应	Yes	Yes	Yes	Yes	Yes	Yes
样本数	62289	70484	55056	62289	70484	55056
R^2	0.3650	0.1635	0.3277	0.1343	0.1554	0.1440

表7-10和表7-11分别列示了产品关联和市场邻近的技术创新影响渠道的检验结果，表7-10列（1）～列（3）表明产品关联对一般贸易企业和混合贸易企业的技术创新有显著的正向影响，但对加工贸易企业的技术创新影响并不显著。列（4）～列（6）为技术创新作为中介变量时对式7.12的回归结果，产品关联对一般贸易企业出口国内增加值率具有显著的正向影响，对加工贸易企业和混合贸易企业的出口国内增加值率具有负向影响（前者不显著），技术创新对一般贸易企业的出口国内增加值率有显著的正向影响，但对加工贸易企业和混合贸易企业的影响不显著。表7-11列（1）～列（3）表明市场邻近对一般贸易企业和混合贸易企业的技术创新具有显著的正向影响，但对加工贸易企业不显著。列（4）～列（6）为技术创新作为中介变量时对式7.15的回归结果，可以发现，市场邻近对不同贸易类型企业的出口国内增加值率都具有正向影响，技术创新对一般贸易企业的出口国内增加值率具有正向影响，但对加工贸易企业和混合贸易企业的影响不显著。这意味着，技术创新的中介效应仅对一般贸易企业成立，但对加工贸易企业和混合贸易企业不存在中介效应，可能的解释是，加工贸易企业主要承担全球价值链中的加工和组装环节，高附加值、高技术含量的核心部件主要依赖于进口（许和连等，2017），因而加工贸易企业和混合贸易企业从当地"知识池"中获得的技术外溢有限，产品关联和市场邻近并未通过技术创新提高加工贸易企业和混合贸易企业的出口国内增加值率。

表7-10　产品关联技术创新影响渠道的检验

解释变量	(1) 一般贸易企业	(2) 加工贸易企业	(3) 混合贸易企业	(4) 一般贸易企业	(5) 加工贸易企业	(6) 混合贸易企业
	innovation	innovation	innovation	DVAR	DVAR	DVAR
relatedness	0.0040*** (0.0010)	0.0009 (0.0006)	0.0021*** (0.0007)	0.0076*** (0.0006)	−0.0018 (0.0014)	−0.0031*** (0.0011)
innovation				0.0214*** (0.0050)	−0.0014 (0.0098)	−0.0014 (0.0080)
控制变量	Yes	Yes	Yes	Yes	Yes	Yes
年份效应	Yes	Yes	Yes	Yes	Yes	Yes
城市效应	Yes	Yes	Yes	Yes	Yes	Yes
行业效应	Yes	Yes	Yes	Yes	Yes	Yes

续表

解释变量	(1)一般贸易企业	(2)加工贸易企业	(3)混合贸易企业	(4)一般贸易企业	(5)加工贸易企业	(6)混合贸易企业
	innovation	innovation	innovation	DVAR	DVAR	DVAR
样本数	56176	61481	48880	56176	61481	48880
R^2	0.0884	0.0258	0.0740	0.1138	0.1489	0.1321

表7-11 市场邻近技术创新影响渠道的检验

解释变量	(1)一般贸易企业	(2)加工贸易企业	(3)混合贸易企业	(4)一般贸易企业	(5)加工贸易企业	(6)混合贸易企业
	innovation	innovation	innovation	DVAR	DVAR	DVAR
proximity	0.0013 *** (0.0003)	−0.0001 (0.0002)	0.0010 *** (0.0003)	0.0024 *** (0.0002)	0.0025 *** (0.0004)	0.0011 *** (0.0003)
innovation				0.0208 *** (0.0050)	−0.0013 (0.0098)	−0.0017 (0.0080)
控制变量	Yes	Yes	Yes	Yes	Yes	Yes
年份效应	Yes	Yes	Yes	Yes	Yes	Yes
城市效应	Yes	Yes	Yes	Yes	Yes	Yes
行业效应	Yes	Yes	Yes	Yes	Yes	Yes
样本数	56176	61481	48880	56176	61481	48880
R^2	0.0885	0.0258	0.0741	0.1144	0.1497	0.1318

本章小结

  企业出口产品关联和市场邻近在一定程度上反映了企业在当地生产网络中的"嵌入"程度，能够影响企业参与国际贸易的真实利得。本章基于 Upward 等（2013）、张杰等（2013）的方法，从微观层面测算了 2000～2010 年中国企业出口国内增加值率，并实证检验了企业出口产品关联和市场邻近对企业出口国内增加值率的影响及作用机制。研究结果发现：①基本估计表明，产品关联对企业出口国内增加值率的影响取决于企业的贸易类型，对一般贸易企业具有显著的促进作用，但对加工贸易企业和混合贸易企业具有抑制作用；市场邻近对不同贸易类型企业出口国内增加值率均有显著的促进作用。这一结论在克服或考虑了可能出现的变量测量误差、距离因素、双向因果等方面的影响后仍然成立。②分样本估计表明，产品关联和市场邻近对不同地区、行业技术水平、生产率水平企业出口国内增加值率的影响存在差异。产品关联促进了东部地区一般贸易企业的出口国内增加值率，但对中西部地区一般贸易企业的出口国内增加值率的影响并不显著；产品关联对高技术行业一般贸易企业的出口国内增加值率的影响并不显著，而对低技术行业一般贸易企业的出口国内增加值率具有显著的促进作用。市场邻近对高技术行业、低技术行业三种贸易类型企业的出口国内增加值率都具有显著的促进作用，但对低技术行业企业的出口国内增加值率的影响系数更大；高生产率企业产品关联和市场邻近的影响系数均大于低生产率企业的，且影响系数均显著为正。③影响渠道检验表明，产品关联和市场邻近的企业成本影响渠道成立；技术创新中介效应仅对一般贸易企业成立，对加工贸易企业和混合贸易企业的中介效应并不成立。

第八章 研究结论与政策启示

第一节 研究结论

经济全球化加速了科学技术在全球范围内的交流与融合，企业不仅嵌入物理意义的地理单元，也嵌入社会意义的企业社群，企业学习网络逐渐成为异质性资源。根据中国出口企业关联日益紧密的实情，本书从协同创新网络和出口关联网络两个方面分析了企业学习网络对出口绩效的影响，并力求解决以下问题：如何在统一的网络科学分析框架下数理构建协同创新网络和出口关联网络？中国协同创新网络的格局如何分布？企业在协同创新网络中的地位是否影响了其出口绩效？协同创新网络对异质性企业出口绩效的影响是否存在差异？企业在协同创新网络中的地位是否影响了其价格加成？协同创新网络对出口和非出口企业价格加成的影响是否存在差异？企业选择新出口产品和新市场的机制是什么？为何区域间出口产品和市场拓展的表现存在差异？出口产品和市场的拓展是否存在路径依赖？企业出口结构与当地要素禀赋的匹配程度是否会影响企业的出口国内增加值率？在当地生产网络中嵌入程度较高的企业是否具有更高的出口国内增加值率？针对以上问题，本书进行了深入分析并得到如下结论：

第一，全球价值链分工迅速细化使企业不可能在所有领域保持领先，企业为保持在国际市场的竞争力必须与其他创新主体形成优势互补。因此，有必要从协同创新的角度，重新审视企业在协同创新网络中的位置对其出口绩效的影响。鉴于此，本书基于异质性企业理论拓展了 Goyal 和 Joshi（2003）的分析框架，利用联合申请专利的大样本数据构建了 1999~2007 年的中国协同创新网络，通过社会网络方法分析了协同创新网络的拓扑结构和企业、大学、科研院所的网络位置，并实证检验了企业在协同创新网络中的角色及位置对异质性企业出口绩效的影响。研究发现，中国协同创新网络的规模在不断扩大，网络存在明显的核心—边缘结构，少数节点具有大量的关联，处于协同创新网络的核心地位，其他节点具有少量关联，分布在网络的边缘。同时，协同创新的企业拥有更好的出口绩效，独自研发和协同创新都提升了企业出口表现，在协同创新网络中处于核心地位的企业占有更大的市场份额。虽然，"研企"模式协同创新的比重在逐渐提高，但"研企"模式对企业出口绩效的促进作用略低于"企企"模式。此外，企业独自创新促进了出口国内增加值率的提高，但协同创新对提升出口国内增加值率并不显著。对于联通片区内的企业、高生产率企业和内资企业，协同创新对出口额的促进作用更强。

第二，创新研发能够提高企业的生产率，降低边际生产成本，进而提升企业的价格加成。协同创新能够统筹创新主体的优势资源，从而进一步提升企业的价格加成。为此，本书基于企业在创新过程中的合作和在产品市场中的竞争的双重考量，从企业和科研院所之间形成的协同创新网络视角考察了企业的价格加成问题以及出口在其中发挥的调节效应。研究发现，企业在协同创新网络中的关联越多，企业的价格加成越高，协同创新和独自创新同时提高了企业的价格加成，并且这一结论非常稳健，在剔除样本极端值、采用不同方法构建网络的情形下仍然成立。并且，中介中心性、特征向量中心性对企业价格加成的影响系数显著为正，在协同创新网络中处于"枢纽"地位和拥有更高质量协同创新伙伴的企业拥有更高的价格加成。此外，出口能够增强协同创新和独自创新对企业价格加成的提升作用，但对中介中心性的调节效应并不显著。协同创新对企业价格加成的影响存在异质性，相较而言，协同创新对中西部地区企业、内资企业和低竞争行业企业的价格加成具有更强的提升作用。

第三，企业在生产新的出口产品和拓展新的市场的过程中面临较大的风险和不确定性，如果参考邻近企业的出口经验可能会帮助企业更好地做出选择，因此企业出口范围的扩展可能具有路径依赖。为此，本书结合企业异质性理论和新经济地理理论，基于 2000~2006 年的中国工业企业数据库、中国海关进出口数据库、CEPII-BACI 数据测算了中国企业新增出口与当地企业的产品关联和市场邻近，实证检验了产品关联、市场邻近对企业出口扩展边际的影响。研究发现，低技术密集度产品的出口扩张仅能带来有限的收益。基本回归结果表明，新增出口与所在城市其他企业出口产品的关联和出口市场的邻近对企业出口扩展边际具有促进作用，这一结论在克服或考虑了可能出现的极端值、距离因素、样本自我选择偏差等方面的影响后仍然成立。分样本回归发现，产品关联对"旧企业—旧市场—新产品"和"旧企业—旧产品—旧市场"的影响显著为正，对其他类型出口扩展边际的影响并不显著，市场邻近对"新市场"类型新增出口有更大影响；将各类产品按技术从高到低排列，产品关联的影响系数大致呈倒"U"形分布，市场邻近对初级产品的促进作用最大，对高技术产品的影响系数并不显著；一般贸易产品关联的影响系数不显著，市场邻近对其的影响系数大于对加工贸易的；相较于中部、西部企业，东部企业产品关联和市场邻近的影响系数较大。

第四，企业出口的产品关联和市场邻近反映了对当地生产网络的"嵌入"程度，可能影响企业参与国际贸易的真实利得。为此，本章根据 Upward 等（2013）的方法从微观层面测算了 2000~2010 年中国企业的出口国内增加值率，并实证检验了企业出口的产品关联和市场邻近对企业出口国内增加值率的影响及作用机制。研究发现，产品关联对企业出口国内增加值率的影响取决于企业的贸易类型，对一般贸易企业具有显著的促进作用，但对加工贸易企业和混合贸易企业具有抑制作用，市场邻近对不同贸易类型企业的出口国内增加值率均有显著的促进作用，这一结论在克服或考虑了可能出现的变量测量误差、距离因素、双向因果等方面的影响后仍然成立。分样本估计表明，产品关联和市场邻近对不同地区、行业技术水平、生产率水平企业的出口国内增加值率的影响存在差异。产品关联促进了东部地区一般贸易企业的出口国内增加值率，但对中西部地区一般贸易企业的出口国内增加值率的影响并不显著；产品关联对高技术行业一般贸易企业的出口国内增加值率的影响并不显著，而对低技术行业一般贸易企业的出口国内增加值率具有显著的促进作用。市场邻近对高技术行业、低技术行业三种贸易类型企业的出口国内增加值率都具有显著的促进作用；高生产率企业的产品关联和市场邻近的影响系数均大于低生产率企业的，而且影响系数均显著为正。影响渠道检验表明，产品关联和市场邻近的企业成本影响渠道成立，技术创新中介效应仅对一般贸易企业成立，对加工贸易企业和混合贸易企业不存在中介效应。

第二节　政策启示

一是处于核心位置的企业应发挥协同创新网络核心节点的"纽带"作用，引导出口企业由"绩"的竞争向"效"的竞争转变。鼓励协同创新网络核心企业和科研院所发挥技术龙头和骨干作用，在协同创新网络各主体之间建立"桥梁"和"纽带"，实现网络整体的"联通可达"，促进核心主体带头探索国际市场和全球技术变迁的新趋势，提升整个行业的国际竞争力和市场份额。同时，以点带线，以线促面，引导更多的中小微企业加入协同创新网络，并发挥其灵活性和技术多样性优势，形成与核心企业的资源统筹和优势互补。此外，各企业还应加强协同创新过程中的经验交流，以技术合作为载体促进出口信息等"软技术"的分享，提升企业在国际市场中的表现。与此同时，相关部门应培植企业间诚信互惠的观念，加强知识产权保护，减少企业对"搭便车"现象的顾虑，引导企业和科研院所在更广阔、更前沿的领域协同创新，打破网络中不同主体之间的技术和信息壁垒，带动行业纵向和横向价值链向全球价值链的高端环节攀升。扭转企业间"以邻为鉴"、侧重产量和价格竞争的局面，通过协同创新网络凝聚产业力量，充分释放人才、资本、信息、技术等创新要素的网络流动，增强企业创造出口国内附加值的能力，提高企业的出口真实利益，不断缩小与贸易强国的差距。

二是政府应为协同创新提供良好的政策环境，鼓励产学研合作模式，提高研发成果转化。一方面，政府应在财政和金融方面为协同创新提供物质支持和激励，贯彻落实《国务院关于改进加强中央财政科研项目和资金管理的若干意见》，提供协同创新与平台环境建设专项资金，以支持协同创新和国际科技合作，专项资金的使用应遵循注重绩效、公平公正、杠杆引导、强化监管的原则，鼓励金融资源为协同创新服务，帮助抵御技术和市场的不确定性；另一方面，政府应完善知识产权制度，规范协同创新中各主体的权利义务，加强政策法规体系建设，为协同创新提供法律保障，增进合作伙伴之间的了解与信任，提升协同创新网络的正外部性。此外，应完善产学研创新体系，激发企业与科研院所、大学之间协同创新的合力。通过设计更多样、更灵活的产学研合作合约模式，综合利用技术转让、共建实验室等协同创新模式，促进产学研合作的有机耦合，将产出、出口等绩效指标与科研单位的协同创新收益挂钩，尽可能激励科研单位在协同创新中积极主动，同时利用企业对市场需求的判断，推动科研成果的转化，并加速技术推广和产业化，增强产学研合作模式的经济效益，提升企业出口竞争力。

三是培育出口企业互惠共生观念，完善出口信息分享机制。由于企业在扩展出口范围的过程中，与当地其他企业的产品关联和市场邻近表现为促进作用，而且产品关联对一般贸易企业出口国内增加值率具有显著的促进作用，市场邻近对不同贸易类型企业的出口国内增加值率均有促进作用，因此要营造企业相互学习的环境，引导出口企业"以邻为鉴"，培育出口企业"1+1>2"的互惠共生观念。此外，还应完善出口信息分享机制，搭建出口经验交流平台。一方面，应发挥相关官方机构在"大数据"时代的信息搜集优势，打破政府各部门、政府与企业之间的"信息孤岛"现状，形成企业间出口信息高效分享机制；另一方面，应鼓励行业协会、出口商会等民间机构为企业提供出口经验交流平台，增强出口企业间的知识外溢效应。同时，还应重点推进中西部地区基础设施建设，降低中西部地区知识和信息的流通成本。

四是加强高技术产品出口与当地企业的关联，进一步完善要素市场。企业在出口多样化的过程中存在一定的路径依赖，并且企业出口的产品关联和市场邻近反映了对当地生产网络的"嵌入"程度，能够提升企业出口国内增加值率。因此，应以当地比较优势产品和市场为基础，加强高技术产品出口与当地优势产品和市场的关联，并进一步完善要素市场，通过共享要素储备、共享知识池等渠道降低扩展出口范围的风险，逐步实现出口结构升级和出口市场扩张，引导出口企业向全球价值链高端攀升，提升企业参与国际贸易的真实利得。另外，企业与自身出口产品关联和市场邻近对出口扩展边际存在替代效应，这一结论提醒我们，企业应将资源集中配置于核心产品，以提升企业出口扩展边际。

参考文献

[1] Acs Z J, Audretsch D B, Feldman M P, 1994. R&D Spillovers and Recipient Firm Size [J]. The Review of Economics and Statistics, 76 (2): 336-340.

[2] Ahn J B, A K Khandelwal, S J Wei, 2010. The Role of Intermediaries in Facilitating Trade [J]. Journal of International Economics, 84 (1): 73-85.

[3] Albornoz F, H F C Pardo, G Corcos, E Ornelas, 2012. Sequential Exporting [J]. Journal of International Economics, 88 (1): 17-31.

[4] Amiti M, C Freund, 2010. The Anatomy of China's Export Growth [M]. Chicago: The University of Chicago Press.

[5] Amiti M, Khandelwal A K, 2013. Import Competition and Quality Upgrading [J]. Review of Economics and Statistics, 95 (2): 476-490.

[6] Anderson J E, Wincoop E V, 2003. Gravity with Gravitas: A Solution to the Border Puzzle [J]. The American Economic Review, 93 (1): 170-192.

[7] Andrés Rodríguez-Pose, 2013. Do Institutions Matter for Regional Development? [J]. Regional Studies, 47 (7): 1034-1047.

[8] Armenter R, M Koren, 2014. A Balls-and-Bins Model of Trade [J]. The American Economic Review, 104 (7): 2127-2151.

[9] Atkeson A, Burstein A, 2008. Pricing-to-Market, Trade Costs, and International Relative Prices [J]. The American Economic Review, 98 (5): 1998-2031.

[10] Audretsch D B, M P Feldman, 2004. Knowledge Spillovers and the Geography of Innovation [J]. Handbook of Regional and Urban Economics, 4: 2713-2739.

［11］ Autant – Bernard C, 2001. The Geography of Knowledge Spillovers and Technological Proximity ［J］. Economics of Innovation and New Technology, 10 （4）: 237-254.

［12］ Aydalot Philippe, David Keeble, 1988. High Technology Industry and Innovative Environments: The European Experience ［M］. London: Routledge.

［13］ Backstrom L, Boldi P, Rosa M, et al. , 2012. Four Degrees of Separation ［C］//Proceedings of the 4th Annual ACM Web Science Conference: 33-42.

［14］ Baker G P, R Gibbons, K J Murphy, 2008. Strategic Alliances: Bridges between "Islands of Conscious Power" ［J］. Journal of the Japanese and International Economies, 22 （2）: 146-163.

［15］ Baldwin R, J Harrigan, 2011. Zeros, Quality, and Space: Trade Theory and Trade Evidence ［J］. American Economic Journal: Microeconomics, 3 （2）: 60-88.

［16］ Barabási A-L, Albert R, 1999. Emergence of Scaling in Random Networks ［J］. Science, 286 （5439）: 509-512.

［17］ Barahona M, Pecora L M, 2002. Synchronization in Small–World Systems ［J］. Physical Review Letters, 89 （5）: 054101.

［18］ Baron R M, D A Kenny, 1986. The Moderator–Mediator Variable Distinction in Social Psychological Research: Conceptual, Strategic, and Statistical Considerations ［J］. Journal of Personality and Social Psychology, 51 （6）: 1173-1182.

［19］ Bartelsman E, J Haltiwanger, S Scarpetta, 2009. Measuring and Analyzing Cross – country Differences in Firm Dynamics ［M］//Dunne T, Jensen J B, Roberts. Producer DynAmics: New Evidence from Micro Data. Chicago: The University of Chicago Press.

［20］ Bathelt H, Gibson R, 2015. Learning in 'Organized Anarchies': The Nature of Technological Search Processes at Trade Fairs ［J］. Regional Studies, 49 （6）: 985-1002.

［21］ Bathelt H, Henn S, 2014. The Geographies of Knowledge Transfers over Distance: Toward a Typology ［J］. Environment and Planning A, 46 （6）: 1403-1424.

［22］Bernard A B, Eaton J, Jensen J B, Kortum S, 2003. Plants and Productivity in International Trade ［J］. The American Economic Review, 93 （4）: 1268-1290.

［23］Bernard A B, Jensen J B, 1999. Exceptional Exporter Performance: Cause, Effect, or Both? ［J］. Journal of IntErnational Economics, 47 （1）: 1-25.

［24］Besedes T, Blyde J, 2010. What Drives Export Survival? An Analysis of Export Duration in Latin Americal ［C/OL］//www. editorialexpress. com/cgi - bin/conference/download. cgi.

［25］Bianconi G, A L Barabási, 2001. Bose-Einstein Condensation in Complex Networks ［J］. Physical Review Letters, 86 （24）: 5632-5635.

［26］Bonaccorsi A, 1992. On the Relationship between Firm Size and Export Intensity ［J］. Journal of International Business Studies, 23 （4）: 605-635.

［27］Boschma R, 2005. Proximity and Innovation: A Critical Assessment ［J］. Regional Studies, 39 （1）: 61-74.

［28］Boschma R, Minondo A, Navarro M, 2013. The Emergence of New Industries at the Regional Level in Spain: A Proximity Approach Based on Product Relatedness ［J］. Economic geography, 89 （1）: 29-51.

［29］Brandt L, J V Biesebroeck, Y F Zhang, 2012. Creative Accounting or Creative Destruction? Firm - level Productivity Growth in Chinese Manufacturing ［J］. Journal of Development Economics, 97 （2）: 339-351.

［30］Broekel T, R Boschma, 2012. Knowledge Networks in the Dutch Aviation Industry: The Proximity Paradox ［J］. Journal of Economic Geography, 12 （2）: 409-433.

［31］Camagni R, 1991. Innovation Networks ［M］. Hoboken: John Wiley and Sons Inc.

［32］Camagni R, Capello R, 1999. Innovation and Performance of SMEs in Italy: The Relevance of Spatial Aspects ［M］//Innovation, Networks and Localities. Heidelberg: Springer.

［33］Chaney T, 2014. The Network Structure of International Trade ［J］. The

American Economic Review, 104 (11): 3600-3634.

[34] Chen N, Imbs J, Scott A, 2009. The Dynamics of Trade and Competition [J]. Journal of International Economics, 77 (1): 50-62.

[35] Christoph Hauert, Michael Doebeli, 2004. Spatial Structure Often Inhibits the Evolution of Cooperation in the Snowdrift Game [J]. Nature, 428 (6983): 643-646.

[36] Combes P-P, Lafourcade M, Mayer T, 2005. The Trade Creating Effects of Business and Social Networks: Evidence from France [J]. Journal of International Economics, 66 (1): 1-29.

[37] Cooper R G, Kleinschmidt E J, 1985. The Impact of Export Strategy on Export Sales Performance [J]. Journal of International Business Studies, 16 (1): 37-55.

[38] Coviello N E, Munro H J, 1995. Growing the Entrepreneurial Firm: Networking for International Market Development [J]. European Journal of Marketing, 29 (7): 49-61.

[39] Culpan R, 1989. Export Behavior of Firms: Relevance of Firm Size [J]. Journal of Business Research, 18 (3): 207-218.

[40] De Loecker J, Warzynski F, 2012. Markups and firm-level export status [J]. The American Economic Review, 102 (6): 2437-2471.

[41] Deroian F, Gannon F, 2005. Quality-Improving Alliances in Differentiated Oligopoly [J]. International Journal of Industrial Organization, 24 (3): 629-637.

[42] Donthu N, Kim S H, 1993. Implications of Firm Controllable Factors on Export Growth [J]. Journal of Global Marketing, 7 (1): 47-64.

[43] Drucker J M, Feser E, 2007. Regional Industrial Dominance, Agglomeration Economies, and Manufacturing Plant Productivity [Z]. US Census Bureau Center for Economic Studies Paper, No. CES-07-31.

[44] Duranton G, D Puga, 2004. Micro-Foundations of Urban Agglomeration Economies [J]. Handbook of Regional and Urban Economics, 4: 2063-2117.

[45] Eaton J, M Eslava, M Kugler, J Tybout, 2007. Export Dynamics in Co-

lombia: Firm-level Evidence [R]. NBER Working Paper.

[46] Eaton J, S Kortum, B Neiman, J Romalis, 2016. Trade and the Global Recession [J]. The American Economic Review, 106 (11): 3401-3438.

[47] Eaton J, S Kortum, F Kramarz, 2004. Dissecting Trade: Firms, Industries, and Export Destinations [J]. The American Economic Review, 94 (2): 150-154.

[48] Eaton J, S Kortum, F Kramarz, 2011. An Anatomy of International Trade: Evidence from French firms [J]. Econometrica, 79 (5): 1453-1498.

[49] Erdos P, Rényi A, 1959. On Random Graphs [J]. Publicationes Mathematicae Debrecen, 6: 290-297.

[50] Fagiolo G, Reyes J, Schiav S, 2008. On the Topological Properties of the world Trade Web: A Weighted Network Analysis [J]. Physica A: Statistical Mechanics and its Applications, 387 (15): 3868-3873.

[51] Feenstra R C, Z T Li, M J Yu, 2014. Exports and Credit Constraints Under Incomplete Information: Theory and Evidence from China [J]. Review of Economics and Statistics, 96 (4): 729-744.

[52] Fernandes A P., H W 2014. Tang. Learning to Export from Neighbors [J]. Journal of International Economics, 94 (1): 67-84.

[53] Freeman L C, 1978. Centrality in Social Networks Conceptual Clarification [J]. Social Networks, 1 (3): 215-239.

[54] Gagnon J, Goyal S, 2017. Networks, Markets, and Inequality [J]. The American Economic Review, 107 (1): 1-30.

[55] Garas A, Argyrakis P, Rozenblat C, et al., 2010. Worldwide Spreading of Economic Crisis [J]. New Journal of Physics, 12 (11): 113043.

[56] Garlaschelli D, Loffredo M I, 2004. Fitness-Dependent Topological Properties of the World Trade Web [J]. Physical Review Letter, 93 (18): 188701.

[57] Goyal S, Moraga-González J L, Konovalov A, 2008. Hybrid R & D [J]. Journal of the European Economic Association, 6 (6): 1309-1338.

[58] Goyal S, S Joshi, 2003. Networks of Collaboration in Oligopoly

[J]. Games and Economic Behavior, 43 (1): 57-85.

[59] Guariglia A, X X Liu, L N Song, 2010. Internal Finance and Growth: Microeconometric Evidence on Chinese Firms [J]. Journal of Development Economics, 96 (1): 79-94.

[60] H Jeong, B Tombor, R Albert, et al., 2000. The Large-Scale Organization of Metabolic Networks [J]. Nature, 407 (6804): 651-654.

[61] Hagerstrand T, 1967. Innovation Diffusion as a Spatial Process [M]. Chicago: The University of Chicago Press.

[62] Hall RE, C I Jones, 1999. Why Do Some Countries Produce So Much More Output Per Worker Than Others? [J]. The Quarterly Journal of Economics, 114 (1): 83-116.

[63] Hausmann R, D Rodrik, 2003. Economic Development as Self-discovery [J]. Journal of Development Economics, 72 (2): 603-633.

[64] Hausmann R, Hwang J, Rodrik D, 2007. What You Export Matters [J]. Journal of Economic Growth, 12 (1): 1-25.

[65] He Z-L, Tong T W, Zhang Y C, et al., 2016. Construction of a Database Linking SIPO Patents to Firms in China's Annual Survey of Industrial Enterprises 1998-2009 [DS/OL]. https://www.researchgate.net/publication/311323404_Construction_of_a_Database_Linking_SIPO_Patents_to_Firms_in_China%27s_Annual_Survey_of_Industrial_Enterprises_1998-2009.

[66] Head K, J Ries, 2003. Heterogeneity and the FDI Versus Export Decision of Japanese Manufacturers [J]. Journal of the Japanese and International Economies, 17 (4): 448-467.

[67] Helpman E, Rubinstein Y, 2008. Estimating Trade Flows: Trading Partners and Trading Volumes [J]. The Quarterly Journal of Economics, 123 (2): 441-487.

[68] Hidalgo C A, B Klinger, A L Barabási, 2007. The Product Space Conditions the Development of Nations [J]. Science, 317 (5837): 482-487.

[69] Iacovone L, B S Javorcik, 2010. Multi-Product Exporters: Product Chur-

ning, Uncertainty and Export Discoveries [J]. The Economic Journal, 120 (544): 481-499.

[70] Imbriani C, P Morone, F Renna, 2015. Innovation and Exporting: Does Quality Matter? [J]. The International Trade Journal, 29 (4): 273-290.

[71] Isard W, 1956. Location and Space-Economy [M]. Cambridge: MIT Press.

[72] Ito K, Pucik V, 1993. R&D Spending, Domestic Competition, and Export Performance of Japanese Manufacturing Firms [J]. Strategic Management Journal, 14 (1): 61-75.

[73] Jaffe A B, M Trajtenberg, R Henderson, 1993. Geographic Localization of Knowledge Spillovers as Evidenced by Patent Citations [J]. The Quarterly Journal of Economics, 108 (3): 577-598.

[74] Kamal F, A Sundaram, 2016. Buyer-Seller Relationships in International Trade: Do Your Neighbors Matter? [J]. Journal of International Economics, 102: 128-140.

[75] Kee H L, H W Tang, 2016. Domestic Value Added in Exports: Theory and Firm Evidence from China [J]. The American Economic Review, 106 (6): 1402-1436.

[76] Kleinberg, 2000. Navigation in a Small World [J]. Nature, 406 (6798): 845-845.

[77] Koopman R, Z Wang, S J Wei, 2012. Estimating Domestic Content in Exports When Processing Trade is Pervasive [J]. Journal of Development Economics, 99 (1): 178-189.

[78] Krugman P, 1991. Increasing Return and Economic Geography [J]. Journal of Political Economy, 99 (3): 483-499.

[79] Kugler M. Verhoogen E, 2011. Prices, Plant Size, and Product Quality. The Review of Economic Studies, 79 (1): 307-339.

[80] König M D, Liu X D, Zenou Y, 2019. R&D Networks: Theory, Empirics and Policy Implications [J]. Review of Economics and Statistics, 101 (3): 476-491.

［81］König M D, S Battiston , M Napoletano, F Schweitzer, 2012. The Efficiency and Stability of R&D Networks ［J］. Games and Economic Behavior, 75 （2）: 694-713.

［82］Lall S, 2000. The Technological Structure and Performance of Developing Country Manufactured Exports, 1985-98 ［J］. Oxford Development Studies, 28 （3）: 337-369.

［83］Lawless H T, Malone G J, 1986. Comparison of Rating Scales: Sensitivity, Replicates and Relative Measurement ［J］. Journal of Sensory Studies, 1 （2）: 155-174.

［84］Li X, Jin Y Y, Chen G R, 2003. Complexity and Synchronization of the World Trade Web ［J］. Physica A: Statistical Mechanics and its Applications, 328 （1）: 287-296.

［85］Lissoni F, 2010. Academic Inventors as Brokers ［J］. Research Policy, 39 （7）: 843-857.

［86］Lo Turco A, Maggioni D, 2016. On firms' Product Space Evolution: The Role of Firm and Local Product Relatedness ［J］. Journal of Economic Geography, 16 （5）: 975-1006.

［87］Long C, X B Zhang, 2011. Cluster-Based Industrialization in China: Financing and Performance ［J］. Journal of International Economics, 84 （1）: 112-123.

［88］Lovely M E, S S Rosenthal, S Sharma, 2005. Information, Agglomeration, and the Headquarters of U. S. Exporters ［J］. Regional Science and Urban Economics, 35 （2）: 167-191.

［89］Lundvall B A, Johnson B, 1994. The Learning Economy ［J］. Industry and Innovation, 1 （2）: 23-42.

［90］Malmberg A, Malmberg B, Lundequist P, 2000. Agglomeration and Firm Performance: Economies of Scale, Localisation, and Urbanisation among Swedish Export Firms ［J］. Environment and Planning A, 32 （2）: 305-321.

［91］Manova K, Z W Zhang, 2012. Export Prices Across Firms and Destinations

[J]. The Quarterly Journal of Economics, 127 (1): 379-436.

[92] Marshall A, 1890. The Principles of Economics [M]. London: Macmillan Press.

[93] Martin A Nowak, Robert M May, 1992. Evolutionary Games and Spatial Chaos [J]. Nature, 359 (6398): 826-829.

[94] Melitz M J, 2003. The Impact of Trade on Intra - Industry Reallocations and Aggregate Industry Productivity [J]. Econometrica, 71 (6): 1695-1725.

[95] Melitz M J, Ottaviano G I P, 2008. Market Size, Trade, and Productivity [J]. The Review of Economic Studies, 75 (1): 295-316.

[96] Michalis Faloutsos, Petros Faloutsos, Christos Faloutsos, 1999. On Power-Law Relationships of the Internet Topology [J]. ACM SIGCOMM Computer Communication Review, 29 (4): 251-262.

[97] Molloy M, Reed B, 1995. A Critical Point for Random Graphs with a Given Degree Sequence [J]. Random Structures and Algorithms, 6 (2/3): 161-180.

[98] Morales E, G Sheu, A Zahler, 2011. Gravity and Extended Gravity: Estimating a Structural Model of Export Entry [R]. MPRA Paper.

[99] Newman M E J, 2000. Small Worlds, the Structure of Social Networks [J]. Journal of Statistical Physics, 101 (3/4): 819-841.

[100] Newman M E J, 2002. Assortative Mixing in Networks [J]. Physical Review Letters, 89 (20): 111-118.

[101] Newman M E J, Steven H. Strogatz, Duncan J. Watts, 2001. Random Graphs with Arbitrary Degree Distributions and Their Applications [J]. Physical Review E, 64 (2): 026118.

[102] Nguyen D X, 2012. Demand Uncertainty: Exporting Delays and Exporting Failures [J]. Journal of International Economics, 86 (2): 336-344.

[103] Nicholas J Foti, Scott Pauls, Daniel N Rockmore, 2013. Stability of the World Trade Web over Time-An extinction analysis [J]. Journal of Economic Dynamics and Control, 37 (9): 1889-1910.

[104] Panzar J C, R D Willig, 1979. Economies of Scale and the Profitability of

Marginal-Cost Pricing: Reply [J]. The Quarterly Journal of Economics, 93 (4): 743-744.

[105] Parsons C R, 2011. Do Migrants Really Foster Trade? The Trade-Migration Nexus, A Panel Approach 1960-2000 [Z]. Discussion Paper.

[106] Poncet S, F S De Waldemar, 2013. Product Relatedness and Firm Exports in China [J]. The World Bank Economic Review, 29 (3): 579-605.

[107] Rauch J E, 1999. Networks Versus Markets in International Trade [J]. Journal of International Economics, 48 (1): 7-35.

[108] Rauch J E, 2001. Business and Social Networks in International Trade [J]. Journal of Economic Literature, 39 (4): 1177-1203.

[109] Rauch J E, Casella A, 2003. Overcoming Informational Barriers to International Resource Allocation: Prices and Ties [J]. The Economic Journal, 113 (484): 21-42.

[110] Rauch J E, J Watson, 2003. Starting Small in an Unfamiliar Environment [J]. International Journal of Industrial Organization, 21 (7): 1021-1042.

[111] Rauch J E, Trindade V, 2002. Ethnic Chinese Networks in International Trade [J]. The Review of Economics and Statistics, 84 (1): 116-130.

[112] Raven P V, McCullough J M, Tansuhaj P S, 1994. Environmental Influences and Decision-Making Uncertainty in Export Channels: Effects on Satisfaction and Performance [J]. Journal of International Marketing, 2 (3): 37-59.

[113] Riley S, 2007. Large-scale Spatial-transmission Models of Infectious Disease [J]. Science, 316 (5829): 1298-1301.

[114] S N Dorogovtsev, J F Mendes, A N Samukhin, 2000. Structure of Growing Networks with Preferential Linking [J]. Phys ical Review Letters, 85 (21): 4633-4636.

[115] Samiee S, Walters P G P, 1990. Influence of Firm Size on Export Planning and Performance [J]. Journal of Business Research, 20 (3): 235-248.

[116] Sanchez E N, Rodriguez-Castellanos D I, Chen G R, et al., 2017. Pinning Control of Complex Network Synchronization: A Recurrent Neural Net-

work Approach [J]. International Journal of Control, Automation and Systems, 15 (3): 1405-1414.

[117] Schweitzer F, Fagiolo G, Sornette D, et al., 2009. Economic Networks: the New Challenges [J]. Science, 325 (5939): 422-425.

[118] Sen P, Dasgupta S, Chatierjee A, et al., 2003. Small World Properties of the Indian Railway Network [J]. Physical Review E, 67 (3pt2): 036106.

[119] Serrano M A, Boguna M, 2003. Topology of the World Trade Web [J]. Physical Review E, 68 (1pt2): 015101.

[120] Silva J M C S, S Tenreyro, 2006. The Log of Gravity [J]. Review of Economics and statistics, 88 (4): 641-658.

[121] Smith D A, White D R, 1992. Structure and Dynamics of the Global Economy: Network Analysis of International Trade 1965-1980 [J]. Social Forces, 70 (4): 857-893.

[122] Snyder D, Kick E L, 1979. Structural Position in the World System and Economic Growth, 1955-1970: A Multiple-Network Analysis of Transnational Interactions [J]. American Journal of Sociology, 84 (5): 1096-1126.

[123] Sun X N, J J Hong, 2011. Exports, Ownership and Firm Productivity: Evidence from China [J]. The World Economy, 34 (7): 1199-1215.

[124] Tomasello M V, Napoletano M, Garas A, et al., 2017. The Rise and Fall of R&D Networks [J]. Industrial and Corporate Change, 26 (4): 617-646.

[125] Tomasello M V, Perra N, Tessone C J, et al., 2014. The Role of Endogenous and Exogenous Mechanisms in the Formation of R&D Networks [J]. Scientific Reports, 4 (4): 5679.

[126] Torstensson J, 1991. Quality Differentiation and Factor Proportions in International Trade: An Empirical Test of the Swedish Case [J]. Weltwirtschaftliches Archiv, 127 (1): 183-194.

[127] Ugander J, Karrer B, Backstorm L, et al., 2011. The Anatomy of the Facebook Social Graph [J]. Social and Information Networks, 33 (2): 71-89.

[128] Upward R, Z Wang, J Zheng, 2013. Weighing China's Export Basket:

The Domestic Content and Technology Intensity of Chinese Exports [J]. Journal of Comparative Economics, 41 (2): 527-543.

[129] Wagner D, Head K, Ries J, 2002. Immigration and the Trade of Provinces [J]. Scottish Journal of Political Economy, 49: 507-525.

[130] Wang W X, Ren J, Chen G R, Wang B H, 2006. Memory-based Snowdrift Game on Networks [J]. Physical Reveiew E: Statistical, Nonlinear and Soft Matter Physics, 74 (5pt2): 056113.

[131] Wang X F, Chen G R, 2002. Synchronization in Small-world Dynamical Networks [J]. International Journal of Bifurcation and Chaos, 12 (1): 187-192.

[132] Wang Z, Wei S J, 2010. What Accounts for the Rising Sophistication of China's exports? [M] //Feenstra R C, Wei S J. China's Growing Role in World Trade. Chicago: The University of Chicago Press: 63-104.

[133] Wasserman S, Faust K, 1994. Social Network Analysis: Methods and Applications [M]. Cambridge: Cambridge University Press.

[134] Watts D J, 1999. Networks, Dynamics, and the Small-World Phenomenon [J]. American Journal of Sociology, 105 (2): 493-527.

[135] Watts D J, Strogatz D H, 1998. Collective Dynamics of Small-world Networks [J]. Nature, 393: 440-442.

[136] Westbrock B, 2010. Natural Concentration in Industrial Research Collaboration [J]. The RAND Journal of Economics, 41 (2): 351-371.

[137] Whittlesey C R, 1934. "Book-review" Interregional and International Trade [J]. Journal of Political Economy, 42 (2): 271-272.

[138] Wilhite A, 2001. Bilateral Trade and Small-world Networks [J]. Computational Economics, 18: 49-64.

[139] Wolff J A, Pett T L, 2000. Internationalization of Small Firms: An Examination of Export Competitive Patterns, Firm Size, and Export Performance [J]. Journal of Small Business Management, 38 (2): 34-47.

[140] Wooldridge J M, 2010. Econometric Analysis of Cross Section and Panel Data [M]. MA: MIT Press.

［141］Yu M J，2009. Trade，Democracy，and the Gravity Equation ［J］. Journal of Development Economics，91（2）：289-300.

［142］Zhou Y C，Liu H W，2003. Stability of Periodic Solutions for an SIS Model with Pulse Vaccination ［J］. Mathematical and Computer Modelling，38（3-4）：299-308.

［143］Zou S M，Taylor C R，Osland G E，1998. The EXPERF Scale：A Cross-national Generalized Export Performance Measure ［J］. Journal of International Marketing，6（3）：37-58.

［144］白俊红，卞元超，2016. 要素市场扭曲与中国创新生产的效率损失 ［J］. 中国工业经济（11）：39-55.

［145］白小虎，2004. 专业市场集群的范围经济与规模经济——义乌小商品市场的实证分析 ［J］. 财贸经济（2）：55-59.

［146］包群，邵敏，Ligang Song，2012. 地理集聚、行业集中与中国企业出口模式的差异性 ［J］. 管理世界（9）：61-75.

［147］陈劲，2012. 协同创新 ［M］. 浙江：浙江大学出版社.

［148］陈伟，张永超，田世海，2012. 区域装备制造业产学研合作创新网络的实证研究——基于网络结构和网络聚类的视角 ［J］. 中国软科学（2）：96-107.

［149］陈旭，邱斌，刘修岩，2016. 空间集聚与企业出口：基于中国工业企业数据的经验研究 ［J］. 世界经济，39（8）：94-117.

［150］陈耀，冯超，2008. 贸易成本、本地关联与产业集群迁移 ［J］. 中国工业经济（3）：76-83.

［151］陈银飞，2011. 2000-2009 年世界贸易格局的社会网络分析 ［J］. 国际贸易问题（11）：31-42.

［152］陈勇兵，李梦珊，赵羊，李冬阳，2015. 中国企业的出口市场选择：事实与解释 ［J］. 数量经济技术经济研究，32（10）：20-37.

［153］陈勇兵，李燕，周世民，2012. 中国企业出口持续时间及其决定因素 ［J］. 经济研究，47（7）：48-61.

［154］戴璐，支晓强，2015. 企业能否"明辨"组织间合作中的学习成效？——绩效评价的视角 ［J］. 会计研究（12）：45-52+97.

［155］戴翔，张雨，2013. 开放条件下我国本土企业升级能力的影响因素研究——基于昆山制造业企业问卷的分析［J］. 经济学（季刊），12（4）：1387-1412.

［156］段文奇，刘宝全，季建华，2008. 国际贸易网络拓扑结构的演化［J］. 系统工程理论与实践（10）：71-75+81.

［157］樊海潮，郭光远，2015. 出口价格、出口质量与生产率间的关系：中国的证据［J］. 世界经济，38（2）：58-85.

［158］范黎波，马聪聪，周英超，2016. 中国企业跨国并购学习效应的实证研究——经验学习和替代学习的视角［J］. 财贸经济（10）：102-116.

［159］冯锋，王亮，2008. 产学研合作创新网络培育机制分析——基于小世界网络模型［J］. 中国软科学（11）：82-86+95.

［160］傅元海，叶祥松，王展祥，2014. 制造业结构优化的技术进步路径选择——基于动态面板的经验分析［J］. 中国工业经济（9）：78-90.

［161］郭世泽，路哲明，2012. 复杂网络基础理论［M］. 北京：科学出版社.

［162］韩峰，柯善咨，2012. 追踪我国制造业集聚的空间来源：基于马歇尔外部性与新经济地理的综合视角［J］. 管理世界（10）：55-70.

［163］何隽，2010. 日本企业在华专利战略研究［J］. 科技与法律（3）：55-58.

［164］贺俊，黄阳华，沈云昌，2011. 校企合作研发的最优制度安排［J］. 中国工业经济（2）：151-160.

［165］黄先海，诸竹君，宋学印，2016. 中国出口企业阶段性低加成率陷阱［J］. 世界经济，39（3）：95-117.

［166］蒋灵多，陈勇兵，2015. 出口企业的产品异质性与出口持续时间［J］. 世界经济，38（7）：3-26.

［167］杰弗里·M. 伍德里奇，2015. 计量经济学导论：现代观点［M］. 张成思，译. 北京：中国人民大学出版社.

［168］杰里米·里夫金，2014. 零边际成本社会［M］. 北京：中信出版社.

［169］金碚，李鹏飞，廖建辉，2013. 中国产业国际竞争力现状及演变趋势——基于出口商品的分析［J］. 中国工业经济（5）：5-17.

[170] 黎峰, 2016. 中国国内价值链是怎样形成的？[J]. 数量经济技术经济研究, 33 (9)：76-94.

[171] 李兵, 岳云嵩, 陈婷, 2016. 出口与企业自主技术创新：来自企业专利数据的经验研究 [J]. 世界经济, 39 (12)：72-94.

[172] 李长青, 徐丽鹤, 戴可乔, 2016. 企业出口学习效应的社会责任悖论 [J]. 南开经济研究 (3)：106-117.

[173] 李胜旗, 毛其淋, 2017. 制造业上游垄断与企业出口国内附加值——来自中国的经验证据 [J]. 中国工业经济 (3)：101-119.

[174] 刘宝全, 段文奇, 季建华, 2007. 权重国际贸易网络的结构分析 [J]. 上海交通大学学报 (12)：1959-1963.

[175] 刘斌, 屠新泉, 王杰, 2015. 出口目的地与出口企业生产率 [J]. 财经研究, 41 (11)：83-94.

[176] 刘斌, 王乃嘉, 2016. 制造业投入服务化与企业出口的二元边际——基于中国微观企业数据的经验研究 [J]. 中国工业经济 (9)：59-74.

[177] 刘凤朝, 马荣康, 2011. 组织创新网络中的中间人角色及其影响因素——以中国制药技术领域为例 [J]. 科学学研究, 29 (8)：1240-1250.

[178] 刘啟仁, 黄建忠, 2015. 异质出口倾向、学习效应与"低加成率陷阱"[J]. 经济研究, 50 (12)：143-157.

[179] 刘洋, 魏江, 江诗松, 2013. 后发企业如何进行创新追赶？——研发网络边界拓展的视角 [J]. 管理世界 (3)：96-110+188.

[180] 鲁晓东, 连玉君, 2012. 中国工业企业全要素生产率估计：1999-2007 [J]. 经济学（季刊）, 11 (2)：541-558.

[181] 吕国庆, 曾刚, 顾娜娜, 2014. 基于地理邻近与社会邻近的创新网络动态演化分析——以我国装备制造业为例 [J]. 中国软科学 (5)：97-106.

[182] 罗伯特·芬斯特拉, 魏尚进, 2013. 全球贸易中的中国角色 [M]. 鞠建东, 余淼杰, 译. 北京：北京大学出版社.

[183] 罗珉, 李亮宇, 2015. 互联网时代的商业模式创新：价值创造视角 [J]. 中国工业经济 (1)：95-107.

[184] 马述忠, 任婉婉, 吴国杰, 2016. 一国农产品贸易网络特征及其对全

球价值链分工的影响——基于社会网络分析视角［J］. 管理世界（3）：60-72.

［185］马艳艳，刘凤朝，孙玉涛，2011. 中国大学-企业专利申请合作网络研究［J］. 科学学研究，29（3）：390-395+332.

［186］毛其淋，许家云，2017. 中间品贸易自由化提高了企业加成率吗？——来自中国的证据［J］. 经济学（季刊），16（2）：485-524.

［187］蒙英华，蔡宏波，黄建忠，2015. 移民网络对中国企业出口绩效的影响研究［J］. 管理世界（10）：54-64.

［188］裴云龙，郭菊娥，向希尧，2016. 企业研发人员合作网络、科学研究与技术创新［J］. 科学学研究，34（7）：1054-1064.

［189］彭国华，夏帆，2013. 中国多产品出口企业的二元边际及核心产品研究［J］. 世界经济，36（2）：42-63.

［190］钱学锋，王胜，陈勇兵，2013. 中国的多产品出口企业及其产品范围：事实与解释［J］. 管理世界（1）：9-27+66.

［191］钱学锋，熊平，2010. 中国出口增长的二元边际及其因素决定［J］. 经济研究，45（1）：65-79.

［192］钱学锋，余弋，2014. 出口市场多元化与企业生产率：中国经验［J］. 世界经济，37（2）：3-27.

［193］桑吉夫·戈伊尔，2010. 社会关系：网络经济学导论［M］. 北京：北京大学出版社.

［194］沈坤荣，李剑，2009. 企业间技术外溢的测度［J］. 经济研究，44（4）：77-89.

［195］盛丹，2013. 国有企业改制、竞争程度与社会福利——基于企业成本加成率的考察［J］. 经济学（季刊），12（4）：1465-1490.

［196］盛丹，陆毅，2016. 出口贸易是否会提高劳动者工资的集体议价能力［J］. 世界经济，39（5）：122-145.

［197］孙灵燕，李荣林，2012. 融资约束限制中国企业出口参与吗？［J］. 经济学（季刊），11（1）：231-252.

［198］汤二子，孙振，2012. 研发对企业出口贸易的影响研究［J］. 研究与发展管理，24（6）：87-95.

［199］汪旭晖，2005. 国际零售商海外市场选择机理——基于市场邻近模型与心理距离视角的解释［J］. 中国工业经济（7）：119-126.

［200］王海成，吕铁，2016. 知识产权司法保护与企业创新——基于广东省知识产权案件"三审合一"的准自然试验［J］. 管理世界（10）：118-133.

［201］王华，赖明勇，柴江艺，2010. 国际技术转移、异质性与中国企业技术创新研究［J］. 管理世界（12）：131-142.

［202］魏江，应瑛，刘洋，2014. 研发网络分散化，组织学习顺序与创新绩效：比较案例研究［J］. 管理世界（2）：137-151+188.

［203］文东伟，冼国明，2014. 中国制造业的空间集聚与出口：基于企业层面的研究［J］. 管理世界（10）：57-74.

［204］吴钢，2014. 人文关系网络对国际贸易网络的影响机制及效应研究［D］. 湖南大学博士学位论文.

［205］吴延兵，2012. 中国哪种所有制类型企业最具创新性？［J］. 世界经济，35（6）：3+25-29.

［206］许和连，成丽红，孙天阳，2017. 制造业投入服务化对企业出口国内增加值的提升效应——基于中国制造业微观企业的经验研究［J］. 中国工业经济（10）：62-80.

［207］许和连，孙天阳，2015. TPP 背景下世界高端制造业贸易格局演化研究——基于复杂网络的社团分析［J］. 国际贸易问题（8）：3-13.

［208］许和连，孙天阳，成丽红，2015. "一带一路"高端制造业贸易格局及影响因素研究——基于复杂网络的指数随机图分析［J］. 财贸经济（12）：74-88.

［209］薛卫，雷家骕，易难，2010. 关系资本、组织学习与研发联盟绩效关系的实证研究［J］. 中国工业经济（4）：89-99.

［210］杨建梅，2010. 复杂网络与社会网络研究范式的比较［J］. 系统工程理论与实践，30（11）：2046-2055.

［211］杨汝岱，李艳，2016. 移民网络与企业出口边界动态演变［J］. 经济研究，51（3）：163-175.

［212］叶笛，朱林可，2017. 地区质量声誉与企业出口表现［J］. 经济研

究，52（6）：105-119.

[213] 叶宁华，包群，邵敏，2014. 空间集聚、市场拥挤与我国出口企业的过度扩张 [J]. 管理世界（1）：58-72.

[214] 衣长军，李赛，陈初昇，2017. 海外华人网络是否有助于 OFDI 逆向技术溢出？[J]. 世界经济研究（7）：74-87+136.

[215] 余淼杰，李晋，2015. 进口类型、行业差异化程度与企业生产率提升 [J]. 经济研究，50（8）：85-97+113.

[216] 张国峰，王永进，李坤望，2016. 产业集聚与企业出口：基于社交与沟通外溢效应的考察 [J]. 世界经济，39（2）：48-74.

[217] 张杰，陈志远，刘元春，2013. 中国出口国内附加值的测算与变化机制 [J]. 经济研究，48（10）：124-137.

[218] 张杰，郑文平，2015. 政府补贴如何影响中国企业出口的二元边际 [J]. 世界经济，38（6）：22-48.

[219] 张其仔，2008. 比较优势的演化与中国产业升级路径的选择 [J]. 中国工业经济（9）：58-68.

[220] 张其仔，2014. 中国能否成功地实现雁阵式产业升级 [J]. 中国工业经济（6）：18-30.

[221] 张伟，于良春，2014. 混合寡头厂商的合作研发及反垄断控制研究 [J]. 中国工业经济（5）：44-56.

[222] 赵永亮，杨子晖，苏启林，2014. 出口集聚企业"双重成长环境"下的学习能力与生产率之谜——新—新贸易理论与新—新经济地理的共同视角 [J]. 管理世界（1）：40-57.

[223] 周泳宏，邓卫广，2010. 聚集条件下的多企业间外溢效应——基于 DAG 与 Granger 的面板分析 [J]. 经济学（季刊），9（2）：533-552.

[224] 诸竹君，黄先海，王煌，2017. 产品创新提升了出口企业加成率吗 [J]. 国际贸易问题（7）：17-26.

后 记

协同和共享成为未来人类经济社会发展的大趋势，技术的复杂性意味着任何一家企业可以在某些领域处于领先地位，但不会在所有方面都领先，为了不被新科技革命所淘汰，从微观企业到宏观国家都必须保持开放的学习态度。然而，一方面，受新冠肺炎疫情、中美贸易摩擦等影响，全球不稳定、不确定因素增加，主要经济体更重视重大研发及其产业化成果的知识产权保护，并倾向于将高附加值、更前沿的创新活动控制在本土；另一方面，美国加大对我国高技术领域的限制，企图将中国隔绝在全球科技创新链之外，全球创新链逆流对我国参与国际创新合作提出了新的挑战。党的十九大报告明确提出"遵循共商共建共享原则，加强创新能力开放合作"。当前，新一轮科技革命方兴未艾，新兴技术的发展路线仍有很大的不确定性，因此需要以全球视野谋划和推动创新，借助全球智慧和全球科技力量，准确把握大变局下科学技术的演化趋势，为我国对外贸易高质量发展提供新动力、新增长极。

本书为笔者近几年致力于企业出口贸易、国际贸易网络、协同创新网络等相关领域的阶段性研究成果。书中多数内容先后在第十七届中国经济学年会、全国高校国际贸易学科协作组青年论坛等相关学术会议上进行宣读并交流，得到了与会专家的肯定，并且各位专家提出了宝贵的修改建议，在此表示诚挚的敬意和感谢。

囿于数据、资料和知识结构等方面的局限，本书不可避免地存在不足之处并亟待进一步完善：如本书主要通过创新产出指标，即联合申请专利数据来刻画协同创新行为，缺乏从创新投入视角对协同创新行为进行刻画；本书主要考虑了协同创新的数量，缺乏通过专利引用量、知识宽度等方法反映协同创新的质量；考虑到需要与中国工业企业数据库匹配，本书使用的是 2012 年之前的专利数据来测算协同创新，缺乏对企业间学习合作涌现的最新趋势、最新现象的反映。此外，本书选取了企业出口金额、价格加成、出口扩展边际等指标来反映企业出口绩效，并未逐一检验对企业出口产品质量、出口持续时间等其他反映企业出口绩效指标的影响，诸如此类的因素，都将不可避免地在一定程度上影响最终的分析结果。

在本书即将出版之际，感谢国家自然科学基金青年项目"港口地缘位置对国际贸易的影响及机制：基于海运网络的研究"（72003103）的资助，感谢中国社会科学院青年科研启动项目"港口管理改革和通关一体化对进出口贸易的影响研究"的资助，感谢清华大学经济管理学院博士后工作站为本书写作提供的工作条件，感谢经济管理出版社在出版过程中的支持与帮助。由于能力有限，本书难免存在不足和纰漏，希望学术界专家和学者提出宝贵意见，帮助完善本书的研究工作。

孙天阳

2022 年 3 月